Helmut Seitz · Wo Bayerns Römer lebten

HELMUT SEITZ

Wo Bayerns
Römer lebten

Turmschreiber Verlag

Der Turmschreiber-Verlag dankt den Museen, Stadtverwaltungen, Landratsämtern und Fremdenverkehrsvereinen, die Abbildungen für dieses Buch zur Verfügung gestellt haben.

ISBN 3-930156-05-9

© Turmschreiber Verlag GmbH Pfaffenhofen
Alle Rechte vorbehalten

Umschlaggestaltung: Elisabeth Petersen, 85623 Glonn
Satz und Druck: Ilmgaudruckerei und Verlags GmbH, Pfaffenhofen
Bindung: R. Oldenbourg, München

Printed in Germany 1993

Inhalt

Das Wichtigste zuvörderst:

Römisch-Bayrische Schmankerl

Was wir von den antiken Besatzern übernommen
haben – und vice versa

Ein würziger Radi, dazu ein kerniges Brot und ein
süffiges Bier: Kann man sich das sommerliche Biergar-
ten-Bayern ohne diese schmackhafte Trilogie vorstellen? Heute schon lang nimmer. Aber unsere frühen
Vorfahren wußten nichts vom Radi und kannten auch
noch kein Brot, wie wir es heute mögen. Nur Bier haben sie schon getrunken. Und zwar nach ureigenem Rezept, denn dabei konnten ihnen die Römer keine Ent-
wicklungshilfe leisten. Sowas wie einen Most aus Bee-
ren oder Früchten hat man hierzulande damals zwar
auch gekeltert, aber keinen Wein aus Trauben. Und auf
den ganz allein standen die Römer und hielten von anderem Gebräu fast gar nichts. Sehr im Gegensatz zu
heute, wo ihre späten Nachfahren auf dem Münchner
Oktoberfest zu den größten Wies'n-Bier-Fans gezählt
werden – „uno, due, gsuffa!" Das „Bier", das man in
der Frühzeit hier gesotten hat, würden wir heute allerdings auch höchstens als Plempel bezeichnen und lieber an die nächste Biergartenkastanie kippen. Man
kannte nämlich noch keinen Hopfen, der wurde erst
durch die Klosterbrauereien des Mittelalters einge-
führt. Statt dessen hat man ehedem den Sud mit Schaf-
garbe oder Vogelbeeren gewürzt.

Nun zur (oder für echte Bayern: zum) Butter als
Brotaufstrich: Die (bzw. der) hieß bei den Römern bu-
tyrum. Und daraus läßt sich leicht rückschließen, wo-

her unser Wort für das gelbe Streichfett kommt, und von wem wir's ehedem übernommen haben. Noch eindeutiger ist das beim Rettich, auf bairisch Radi: Von dieser weißen Wurz hatten unsere Ahnen vor dem Jahr Null unserer Zeitrechnung null Ahnung. Wie man heute noch merkt, haben sie aber nicht nur das Gewächs als solches gern akzeptiert, sondern auch den Namen, denn bei den Römern hieß der Radi bezeichnenderweise radix.

Aus dem Rezeptbuch eines Herrn Apicius, geschrieben unterm Kaiser Tiberius zwischen 14 bis 37 n. Chr., wissen wir ziemlich genau, was sich die Römer schmecken ließen. Nicht alles hätte uns Bayern auch gemundet – zum Beispiel Würste (farcimina) nach folgendem Rezept: *„Mische gekochte Weizengrütze oder Grieß mit grob hacktem Fleisch, das zuvor mit Pfeffer, Liquamen und Pinienkernen zusammengestampft wurde. Stopfe die Masse in eine Wursthaut und koche sie. Dann brate die Wurst und serviere sie mit Senf ...“* Also gut, gegen den Senf hätten wir ja nix – aber sonst? Und was bitte war denn das Liquamen, das in diesem Rezept genannt wird? Man könnte sagen: Es war das römische Maggi – eine Universalwürzsoße, ohne die – von Süßspeisen abgesehen – bei denen damals fast kein Gericht denkbar war. Das Zeug hieß auch Garum, und man gewann es aus Fischen oder Fischabfällen, die man – gut gesalzen – in der Sonne verrotten ließ. Nein danke, da müssen wir fei froh sein, daß unsere Vorfahren schon ehedem dieses Garum gar nie gemocht und darum nicht übernommen haben.

Warum ist für manche Bayern auch heute noch ein ordentliches Stück Fleisch das beste Gmüas? Vielleicht, weil man vom Grünzeug in der Frühzeit nördlich der

Alpen nur ganz wenig gekannt hat. Es gibt jedenfalls eine lange Liste von pflanzlicher Nahrung, die man hier erst durch die Besatzung von jenseits des Brenners kennenlernte. Um nur etliche wichtige Beispiele zu nennen: Rote Rübe und Kohlrübe, Sellerie, Zwiebeln, Knoblauch, Kopfsalat und Porree – alles Importe aus dem Imperium Romanum. Nicht anders bei Gewürzen und Heilkräutern: Den Römern verdankt man hier die Bekanntschaft mit Dill, Petersilie, Majoran, Thymian, Fenchel, Dill, Koriander, Bohnenkraut, Anis, Zichorie und Lorbeer. Bei den Römern war's allerdings auch nicht sehr viel, was sie hier kennen und schätzenlernten. Da wären einmal die gelben Rüben (für Zugereiste: Karotten, Möhren) zu erwähnen, die man offenbar im alten Rom zuvor nicht gekannt hatte. Kaiser Tiberius muß besonders scharf drauf gewesen sein, denn der ließ sich regelmäßig – wahrscheinlich per Staffettenpost auf den guten römischen Straßen – größere Portionen von dieser Gemüsewurzel schicken, und dazu auch noch Vogerlsalat (Feldsalat, Rapunzelsalat), der südlich der Alpen zuvor ebenfalls nicht bekannt gewesen ist. Gänse waren den Römern zwar keineswegs fremd – schon in der Frühzeit soll ja die Stadt auf den sieben Hügeln durch das Geschnatter der Ganter auf dem Kapitol vor einem feindlichen Überfall gewarnt worden sein. Aber vielleicht wuchsen die Bratenvögel dort weniger saftig heran als auf den Weiden Germaniens? Jedenfalls wurden auch Schlachtgänse in größeren Mengen von hier gen Süden geliefert, und außerdem Bärenschinken. Nicht zuletzt ist aber auch noch der Bergkäs zu erwähnen, der im Allgäu, in Tirol und anderswo noch heute gemacht wird. Bei den Römern scheint dieser alpinum caseum sehr beliebt gewesen zu sein. Jedenfalls verkündet eine Tafel im Allgäuer Käsemuseum zu Wiggensbach, der Kaiser Antoninus Pius sei anno 161 daran gestorben. Einfach deshalb, weil er sich an dem geliebten Kaas aus lauter Genußgier tödlich überfressen habe. Bis jetzt wurde dieser Behauptung noch von keinem Historiker widersprochen.

Wenn wir vom Essen und Trinken absehen, dann gibt's auch sonst noch eine Menge Errungenschaften, die man hier erst durch die Römer kennengelernt hat. Ein paar wenige Beispiele aus dem Wohnbereich: Unser Wort Mauer – und damit auch die Sache selbst – kommt von den Besatzern und heißt in Latein murus. Der Ziegel (fürs Dach): Tegula. Das Fenster: Fenestra. Undsoweiter. Und umgekehrt? Viel gibt's da nicht. Aber immerhin müssen unsere frühen Vorfahren recht saubere Leute gewesen sein, denn deren „Saipo" (= Seife) haben die Römer übernommen. Vorher hatte man in der mittelmeerischen Antike zur Hautreinigung eine Masse aus Soda, Pottasche, Öl und Lehm zusammengebaazt. Auch ein Absud der Seifenwurzel diente als Waschmittel. Aber das, was die „Barbaren" nördlich der Alpen aus Schafwollfett, Pottasche, Soda und Wasser zusammenkochten, scheint wohl bei weitem besser gewesen zu sein. Diese Schmierseife – wie man's heute nennen würde – hat man sehr bald fast überall im großen, nach damaligen Begriffen weltweiten Imperium Romanum verwendet.

Ja, so war'n s' (??)
Was uns ein Römer
über unsere Vorfahren berichtet

Man weiß heute längst: Auch vor der römischen Eroberung hausten in unserem Gebiet nicht irgendwelche vogelwilden Menschenfresser. Germanen und mindestens ebenso schon die Kelten waren durchaus Kul-
turvölker, auch wenn ihnen die Lateiner damals in vieler Hinsicht noch was beibringen konnten. Nur: Mit
dem Schreiben hatten sie's allesamt nicht sehr – von ihnen selbst gibt es kaum nennenswerte Aufzeichnungen
über sich selbst. Und so hätte man hier lange Zeit so gut
wie nichts über jene Leute gewußt, mit denen es die römischen Besatzer hierzulande zu tun hatten – wäre da
nicht ein gewisser Publius Cornelius Tacitus gewesen:
Historiker, hoher Staatsbeamter bis hinauf zur Kon-
sulwürde und zuletzt Statthalter der Provinz Asien.
Dieser Mann wurde um das Jahr 55 n. Chr. geboren und
schrieb einen ausführlichen Bericht über die neueroberten Gebiete im Norden, und zwar unter dem Titel
„Vom Ursprung und der Lage der Germanen", meist
nur kurz „Germania" genannt. Denn alles, was da nördlich der Alpen und westlich des Rheins auf zwei Beinen herumlief, nannte der einfach „Germanen". Auch
wenn es sich eher um Kelten oder manchmal vielleicht
auch Slawen handelte. Für unser Gebiet ist in diesem
Punkt der antike Geograph Strabo etwas genauer, der
erwähnt nämlich zwischen Donau und Alpen die keltischen Vindeliker mit allerlei Stämmen: *„Auch die
Estionen und die Brigantier gehören zu den Vindeli-*

kern und ihre Städte sind Brigantion (Bregenz) und Cambodunum (Kempten), ferner Damasia, gleichsam die Burg der Likatier. " Mit Damasia ist wahrscheinlich eine längst verschwundene Ansiedlung auf dem Auerberg zwischen Füssen und Schongau am Lech gemeint, und Likatier waren eben jene, die entlang dem Lech siedelten. Vindeliker aber nannte man ursprünglich jene Stämme, die zwischen Vinda (Wertach) und Likus (Lech) ansässig waren. Bei Tacitus steht von all den Kelten nichts. Aber man muß ihm diese Schlamperei nachsehen, denn er hatte seine Berichte zu Pergament gebracht, ohne je selber in dieser Region des Imperiums gewesen zu sein. Der gute Tacitus hat schlicht anderswo gespickt, vor allem aus Caesars „De bello Gallico". Dieses Kriegstagebuch enthält u.a. auch ein Kapitel mit Vergleichen zwischen Galliern und Germanen. Auch bei Schriftstellerkollegen wie Livius und dem älteren Plinius dürfte Tacitus fündig geworden sein. Aber als bloßen Abschreiber kann man ihn trotzdem nicht bezeichnen, denn höchstwahrscheinlich hat er sich auch Informationen aus erster Hand verschafft – in vielen „Interviews" mit Offizieren, Kaufleuten und Beamten, die lange in den neuen Gebieten nördlich der Alpen gelebt hatten.

Was das Land betrifft, so scheint es den Gewährsleuten des Tacitus nicht sonderlich gefallen zu haben, schreibt er doch, früher seien dorthin selten Leute von anderswo hingekommen. Weil: *„ Wer hätte auch ... Asien oder Afrika oder Italien verlassen und Germanien aufsuchen wollen, landschaftlich ohne Reiz, rauh im Klima, trostlos für den Bebauer sowie den Beschauer, es müßte denn seine Heimat sein?"* Und an anderer Stelle schreibt er: *„Das Land zeigt zwar im einzelnen* einige Unterschiede, doch im ganzen macht es mit seinen Wäldern einen schaurigen, mit seinen Sümpfen einen widerwärtigen Eindruck." Demnach könnten sich eigentlich die römischen Besatzer hierzulande nicht sonderlich wohl gefühlt haben – zumal sie ja nicht einmal alle aus dem nahen Italien kamen, sondern auch aus so entfernten Provinzen des Imperiums wie Syrien, Thrazien oder sonstwoher. Die Beschreibung der Ureinwohner, die Tacitus liefert, könnte zwar gut auf allerlei Germanenstämme zutreffen, paßt aber sicher in den meisten Punkten weitgehend ebenso für die keltische Bevölkerung in Süddeutschland: „Wild blickende blaue Augen, rötliches Haar und große Gestalten, die allerdings nur zum Angriff taugen. Für Strapazen und Mühen bringen sie nicht dieselbe Ausdauer auf, und am wenigsten ertragen sie Durst und Hitze; wohl aber sind sie durch Klima oder Bodenbeschaffenheit gegen Kälte und Hunger abgehärtet." Was den für unsere Vorfahren so schwer erträglichen Durst betrifft, so glaubt man den auch aus heutiger Sicht dem Autor gern – man braucht ja nur mal einen Blick auf die vergleichende Statistik über den Bierkonsum pro Kopf hier und anderswo zu tun. Tacitus schildert „die Germanen" freilich als chronische Säufer: „Tag und Nacht durchzuzechen ist für niemanden eine Schande. Streitigkeiten sind häufig (es handelt sich ja um Betrunkene); sie enden selten mit bloßen Schimpfreden, öfters mit Totschlag und Blutvergießen. – Als Getränk dient ein Saft aus Gerste oder Weizen, der durch Gärung eine gewisse Ähnlichkeit mit Wein erhält; die Anwohner von Rhein und Donau kaufen auch Weine" (von den Römern, versteht sich). Wollte man ihnen, ihrer Trunksucht nachgebend, verschaffen soviel sie wollen, so könnte man sie leichter *durch ihr Laster als mit Waffen besiegen.*" Zwar bewundert Tacitus immer wieder den Freiheitssinn und die Tugend der Eingeborenen (von der Trunksucht einmal abgesehen), aber andererseits führt er sie doch immer wieder als Halbwilde vor, wenn er beispielsweise behauptet, man habe damals unterm Misthaufen überwintert: *„Sie schachten auch oft im Erdboden Gruben aus und bedecken sie mit reichlich Dung, als Zuflucht für den Winter und als Fruchtspeicher. Derartige Räume schwächen nämlich die Wirkung der strengen Kälte, und wenn einmal der Feind kommt, dann verwüstet er nur, was offen daliegt; doch das Verborgene und Vergrabene bemerkt er nicht, oder es entgeht ihm deshalb, weil er erst danach suchen müßte.*" Auch über die Siedlungen der Einheimischen, die er nie gesehen hat, weiß Tacitus Interessantes zu berichten: *„Daß die Germanen keine Städte bewohnen, ist zur Genüge bekannt; sie leiden nicht einmal aneinanderstoßende Häuser. Gesondert und einzeln bauen sie, wenn ihnen etwa eine Quelle, ein Wald gefiel. Die Dörfer legen sie nicht nach unserer Art an, wo die Gebäude miteinander verbunden sind und zusammenhängen, sondern jeder umgibt sein Haus mit einem Raum, sei es nun, daß dies, um sich vor Feuersgefahr zu schützen, oder aus Unkenntnis im Bauen geschieht. Denn nicht einmal der Bruchsteine oder Ziegel bedienen sie sich, und der Stoff, aus dem sie das ganze Gebäude errichten, ist roh und gewährt kein reizendes Aussehen. Manche Stellen jedoch streichen sie sorgfältiger mit einer so reinen und glänzenden Erde an, daß sie Gemälden und Farbschattierungen ähneln.*" Wasserleitungen und Kanalisation, wie sie die Römer fast überall hatten, kannte man bei den Germanskis nicht – aber Körperpflege trotzdem: *„Gleich nach dem Aufstehen,*

*was aber meist erst spät am Tag geschieht, waschen sie
sich, öfters in warmem Wasser, da bei ihnen den größten Teil des Jahres Winter herrscht. "* Ansonsten scheinen es die Herren nicht sehr mit strengen Pflichten gehabt zu haben, wenn man von der Wehrpflicht absieht.
Dazu Tacitus: *„So oft sie nicht in den Krieg ziehen, ver-
bringen sie einen Teil der Zeit mit Jagen, einen größeren mit Muße, mit Schlafen und Essen. Untätig ist dann
auch der Tapferste und Kriegerischste, und während sie
die Sorge für Haus, Hof und Äcker den Frauen, Grei-
sen und den Schwächsten aus der Familie überlassen, leben sie in träger Ruhe."* Ja mei – von irgendwas wird ja
das hier und heute so gern zitierte Macho-Sprücherl
kommen, das da lautet: „Hauptsach', mir san gsund –
und d' Frau hat an Arwat."

Nach allerlei weiteren Angaben über Sitten und Ge-
bräuche, Ehe und Familie, Gerichtsbarkeit und Fehde
geht Tacitus auf einzelne Stämme im Detail ein. Und da
wundert man sich doch, wie viele „Völker" mit welch
sonderbaren Namen es in Germanien gegeben hat: Tre-
verer und Nervier, Ubier, Bataver, Chatten, Tenkterer,
Brukterer, Chamaver, Angrivarier, Dulgubnier, Cha-
suarier, Sueben undsoweiterundsoweiter. Für uns in
Bayern sind allerdings mehr die keltischen Stämme der
Vindeliker interessant, neben den bereits genannten
Brigantiern, Estionen und Likatiern auch die Kattena-
ten, Kosuaneten und Rukinaten. Unter den Germanen
aber vor allem die Hermunduren, die nah an der Nordgrenze der römischen Provinz Rätien lebten. Von denen berichtet Tacitus, sie seien *„... den Römern treu ergeben. Daher sind sie die einzigen Germanen, die nicht
nur am Donau-Ufer, sondern auch im Inneren des Landes und in der prächtigen Kolonie der Provinz Rätien*

(= *die Provinzhauptstadt Augsburg*) *Handel treiben dürfen. Sie kommen allerorten und ohne Beaufsichtigung über die Grenze. Und während wir den übrigen Stämmen nur unsere Waffen und Feldlager zeigen, haben wir den Hermunduren unsere Häuser und Gutshöfe geöffnet; sie sind ja frei von Begehrlichkeit.*" Auch von einem Stamm, der in der Oberpfalz daheim war, berichtet Tacitus: „*Neben den Hermunduren wohnen die Narister und weiterhin die Markomannen und Quaden. Die Markomannen zeichnen sich durch Ruhm und Stärke aus, und sogar ihre jetzigen Wohnsitze, aus denen sie einst die Bojer vertrieben, sind ein Lohn der Tapferkeit.*" – Aha, die Bojer: Da taucht nun auch schon der Name jenes Stammes auf, von dem manche Historiker annehmen, es handle sich um die frühen Baiern, in Latein Baiuvarii. Von denen sagt Tacitus weiter gar nichts – und somit glücklicherweise auch nichts so Merkwürdiges, wie er's zuschlechterletzt andeutungsweise von zwei anderen Stämmen berichtet: „*Alles Weitere klingt märchenhaft: daß die Hellusier und Oxionen Antlitz und Mienen von Menschen, jedoch Rumpf und Glieder von Tieren haben. Ich lasse das als unverbürgt auf sich beruhen.*"

Die gut gerüsteten Eroberer
Roms Besatzungs-Armee
in Rätien

„Als die Römer frech geworden, simserimsimsim-
simsim..." – dieses leicht schwachsinnige Liedlein einstiger Corps-Studenten ist älteren Semestern noch einigermaßen bekannt. Aber man darf den Herren mit
Schmiß derlei Stuß aus der Zeit von Wilhelms Deutschem Kaiserreich nicht übelnehmen – schließlich haben auch berühmte Geschichtsschreiber, die als durchaus ernsthaft gepriesen werden, schon viel früher gelegentlich allerlei blühenden Blödsinn verzapft. So zum
Beispiel Johann Turmaier aus Abensberg, genannt
Aventinus, Historiograph der bairischen Herzöge. Der
beginnt seine *„gar kurze Vorrede in das dritte Buch der
Baierischen Chroniken"* also: *„... denn vor Christo Ge-
burt haben, wie oben im anderen Buch angezeigt ist, die*

*So zeigte eine Zeichnerin von heute im Katalog der Limes-
Ausstellung 1992/93, wie man sich eine Geschicklichkeits-
Schau römischer Reiter vorstellt – aufgrund von Funden
und antiken Darstellungen.*

*Römer, weiland Herren der ganzen Welt, unsere Lande
und Heimat zum römischen Reich gebracht, haben die
alten eingeborenen Landleute erwürgt, vertrieben, ver-
jagt, haben diese Lande bis in das fünfhundertundfünf-
unddreißigste Jahr mit Gewalt innegehabt. Nach dieser Zeit sind die Baiern wieder aufgekommen und der
Römer allmählich Herr geworden, sind aus dem alten
Baiern vom Nordgau aus dem böhmischen Wald über
die Donau in das alte römische Reich über die alten
Christen hergefallen, haben sich und ihre Vorvordern
also wieder an den Römern gerächt: also kehret sich das
Blättlein um, also geht's in dieser Welt zu, eins auf das
andere."* Das liest sich so, als hätten die bösen Römer
einst uns brave Baiern mit brutaler Gewalt aus dem
Landl vertrieben – und nach einem halben Jahrtausend
wären diese Unterjocher vom nunmehr erstarkten
Stamm der Unterjochten durch hartes Hinlangen nach
bairischer Art wieder hinausgebolzt worden. Von wegen: Als die Baiuvaren nach und nach hier eingesickert
sind, waren die Truppen der Römer schon längst über
alle Berge. Und jene von den Wälschen, die noch dageblieben waren, hatten sich wegen der häufig hier durchziehenden Horden der Völkerwanderung sicherheits-
halber ins Gebirge zurückgezogen. Im allgemeinen lief
der römische Einmarsch in die neuen transalpinen Gegenden erstaunlich reibungslos ab. Die Eroberung der
später „Rätien" benannten Provinz begann um das Jahr
15 v. Chr. Die beiden Stiefsöhne Drusus und Tiberius
des Kaisers Augustus marschierten mit ein paar tausend
Legionären über den Alpenkamm, ohne auf starke Ge-
genwehr zu stoßen. Schnell schob man dann die Mi-
litärgrenze erst mal bis zur Donau vor und sicherte
sie durch etliche größere und viele kleine Kastelle. Als

man später noch weiter nach Norden über die Donau und nach Osten über den Rhein vordrang, wurde die nasse Grenze durch eine Überland-Befestigungslinie ersetzt – Näheres darüber im Kapitel über den Limes auf Seite 35. Womit nun mal geklärt werden muß, wie sich denn das straff organisierte römische Militär gegliedert hat. Größte und älteste Einheit war die Legion, was frei übersetzt etwa ausgelesene Mannschaft bedeutete. Ursprünglich bestand sie aus rund 4500 Mann, in der Kaiserzeit waren es dann 6000 oder noch ein paar Hundertschaften mehr. Untergliedert wurde diese große Einheit zunächst in 30 Manipel, unter den Kaisern dann in 10 Kohorten. Ein Manipel hatte anfangs 100 Mann, später waren es 200 in zwei Centurien unter einem Hauptmann (Centurio). Drei solche Manipel, also sechs Centurien ergaben eine Kohorte, und die konnte nur aus Infanterie bestehen oder aber aus Fußtruppen plus Reitern. Zu einer Legion gehörten außer ihren 6000 Infanteristen noch 300 equites, also Reiter, und dazu etliche „Hiwis", in Latein: Auxiliares. Jede Legion hatte ihren Legions-Adler. Zuerst schnitzte man diese Feldzeichen aus Holz, unter den Kaisern waren sie aus Silber oder gar Gold. Dieses Symbol wurde der Truppe vorangetragen und im Feldlager jeweils neben dem Zelt des Kommandeurs aufgepflanzt. Wenn so eine große Einheit unterwegs war, baute sie sich jeden Abend nach fest vorgegebenem Schema ein Lager mit Wall. Es wurde von einem Geometer (Agrimensor) eingeteilt, nachdem eine Vorhut als Mittelpunkt den Standplatz für das Feldherrnzelt mit einem weißen Wimpel markiert hatte. Ein solches Marsch-Lager wurde auf die Schnelle improvisiert, war aber im Prinzip genau so angelegt wie später die Stand-

Kastelle aus Stein: Rechteckig, mit meist vier, manchmal auch nur zwei Lagertoren, zwei Straßen, die sich in der Mitte kreuzten und einer an der Innenseite des Walls umlaufenden Straße. Die Zelte – oder im festen Lager die Baracken – standen möglichst rund 50 Meter von Erdwall oder Mauer weg, um nicht in Reichweite der Wurfgeschosse von möglichen Angreifern zu sein. Daß eine Legion was Besonderes und kein Jedermanns-Haufen war, zeigt die Bestimmung, daß in ihr nur Soldaten dienen konnten, die bereits das römische Bürgerrecht hatten – wer sich das erst erdienen wollte, der mußte 25 Jahre zu den Auxiliares, den Hilfstruppen. Die wurden schon unter Kaiser Augustus aufgestellt und in Einheiten von 100 bis 500 Mann (manchmal auch 1000) untergliedert. Kommandant war ein römischer Ritter und Präfekt. Handelte es sich um eine Infanterie-Einheit, so hieß sie cohors, eine Kavallerietruppe nannte man ala, und war die Einheit aus Fußvolk und Reitern gemischt, so handelte es sich eben um eine cohors equitata, also eine berittene (wörtlich „bepferdete") Kohorte. Hufeisen kannte die römische Kavallerie übrigens ebenso wenig wie Steigbügel: Der Reiter sprang im Anlauf mit gegrätschten Beinen aufs Pferd, das damals aber noch erheblich kleiner war als die heutigen Rösser. Bewaffnet waren die Soldaten mit Schwertern – im ersten und zweiten Jahrhundert vor allem mit dem zweischneidigen Kurzschwert (gladius – daher die Gladiatoren), später gab's auch ein Ringknaufschwert mit scharfer Spitze und schließlich nur noch das Langschwert, die spatha. Als kurze Stichwaffe hatte man den Dolch (pugio). Das alles war für den Nahkampf – auf größere Entfernung bewarfen römische Soldaten den Gegner mit dem pilum, einem Speer, und dazu hatten sie noch die hasta, eine Lanze. Zum Schießen kannte man zwar bereits Pfeil und Bogen (sagitta und arcus), aber diese Waffe gab es nur für besondere Einheiten, die dafür eigens trainiert wurden. Zum Schutz trug der römische Soldat im Kampf einen Helm, einen Panzer aus Eisenplättchen oder ein Kettenhemd, Beinschienen und einen Schild (rechteckig beim Legionär, rund bei Auxiliarsoldaten, meist oval oder sechseckig bei den Reitern). Das alles war manchmal vielleicht ein schweres Handicap gegen eingeborene Krieger, die nicht so viel Eisen anhatten: Allein der Helm wog mehr als anderthalb Kilo, der Panzer zwischen sechs und zehn Kilo. Und mit diesem Ballast, dazu noch mit einem halben Zentner Gepäck beladen, mußte der römische Infanterist im Ernstfall, aber auch zum Training in fünf Stunden an die 30 Kilometer marschieren – auf schwer genagelten Schuhsohlen. Ein Honiglecken war der Dienst bei der Besatzungsmacht bestimmt nicht: Der Soldat bekam als Grundnahrung pro Tag ein Kilo Getreide, das er selber mahlen und zu einem Brei kochen mußte. Dazu gab's in ruhigen Zeiten und im Lager etwas Gemüse oder Obst, nur selten ein Stück Fleisch. Und wenn vom Sold die „Abzüge" weg waren – auch sowas kannte man schon im alten Rom – dann blieben dem gemeinen Soldaten nicht viel mehr als umgerechnet fünf bis zehn Mark für Wein, Weib, Würfelspiel und sonstige Lustbarkeit – nicht pro Tag, sondern je Woche. Der Wohnkomfort im Lager war bescheiden: Je acht Mann einer Centurie „wohnten" und schliefen in einem Raum von etwa 20 qm – also ganze zweieinhalb qm pro Kopf. Zwei Dutzend solcher Stuben lagen sich entlang einem langen Gang gegenüber, und heimlich abhauen stand nicht drin: Der einzige Aus- und Eingang führte am Centurionen-Zimmer und an der stets besetzten Wache vorbei. Mit Aufstiegschancen sah es nicht gut aus: Der gemeine Mann hatte so gut wie keine Möglichkeit, sich zum Offizier hochzudienen. Um die Leute bei Laune zu halten, erfand man deshalb allerhand kleine und ziemlich bedeutungslose Zwischenränge: Rund 80 (in Worten: achtzig) Abstufungen soll es zuletzt zwischen dem einfachen Soldaten und dem Hundertschaftshauptmann gegeben haben. Im übrigen hatten die Römer auch schon militärische Orden für Verdienste verschiedenster Art. In Bayern wurden etliche Exemplare des torques ausgegraben – das war ein Metallreif, der um den Hals getragen wurde. Außerdem gab es den Armring (armilla) und – ganz wie heute – den Blechplatschari zum Anstecken auf der Brust – das nannte man damals phalera.

Das „Stalingrad" der Römer in Germanien
Die erste Niederlage und ihre späten Folgen

Der Name von Quintilius Varus ist durch den schmerzlichen Ausruf des Kaisers in die Geschichtsbücher eingegangen, der in Verzweiflung ausgerufen haben soll: „Varus, Varus – gib mir meine Legionen wieder!". Denn nicht weniger als drei Legionen mit zusammen fast 20 000 Mann waren im Jahre 9 n. Chr. in der legendären Schlacht im Teutoburger Wald niedergemetzelt worden. Dieses Desaster in Germanien aber könnte man mit der Schlacht von Stalingrad im Zweiten Weltkrieg vergleichen. Denn da wie dort wurde eine bis dahin als schier unbesiegbar geltende Militärmacht in einer Kesselschlacht erstmals empfindlich geschlagen. Und in beiden Fällen war diese Niederlage der Anfang vom bitteren Ende, auch wenn's im Fall des Imperium Romanum bis dahin dann doch noch weit länger gedauert hat als bei Hitlers kurzlebigem 1000jährigen Reich. Noch eine Parallele: Hitler, selbsternannter „größter Feldherr aller Zeiten" verachtete seine Gegner als bolschewistische Untermenschen. Und genau so überheblich war die Einschätzung des Feldherrn Varus.

Der Feldherr wurde von den Germanen regelrecht geleimt und in falsche Sicherheit eingelullt. Und wer hinter all dem steckte, das berichtete hintennach wiederum der Historiker Paterculus: *„Da benutzte ein junger Mensch von vornehmer Abkunft, persönlicher Tap-*

*ferkeit, rascher Auffassung und genialer Klugheit, die
jenseits der Begabung eines Barbaren liegt, die Stumpf-
heit des Feldherrn zur Ausführung seines Frevels. Er
hieß Arminius, war der Sohn des Segimer, eines Fürsten
aus diesem Stamme. Schon sein Gesichtsausdruck und
seine Augen verrieten das Feuer seines Geistes. Er war
ein ständiger Begleiter auf unserem früheren Feldzug
gewesen und hatte sogar nach dem Recht des römischen
Staates die Würde eines Ritters erlangt. Treffend er-
kannte er, daß niemand schneller überwältigt wird, als
der, der nichts Schlimmes ahnt, und daß meistens der
Anfang des Unglücks die Sorglosigkeit ist.*

Dem Cheruskerfürsten Hermann (alias Arminius)
wurden sehr viel später zwei Denkmäler gesetzt. Das
eine, 31 Meter hoch, haben anno 1897 in Neu-Ulm im
Bundesstaat Minnesota amerikanische Freimaurer errichtet. Und zwar nach dem Vorbild des anderen, das
schon 1875 im Teutoburger Wald und im Beisein des
Deutschen Kaisers und vieler Fürsten eingeweiht worden war. Dieses Hermannsdenkmal mit seiner 25 Meter hohen Figur auf einem 27 Meter hohen Sockel wurde
gigantisch: Allein das Schwert des Cheruskerfürsten
wiegt 11 Zentner, sein bronzener Schild 23 Zentner. Gekostet hat's 90 000 preußische Taler (= damals 270 000
Goldmark). Und geschaffen wurde dieses preußisch-
germanische Siegesmonument von einem Bayern, dem
Münchner Bildhauer Ernst von Bandel, nach dem in der
Landeshauptstadt eine Straße benannt ist. Der zog mit
33 Jahren nach Detmold um, weil er dem Aufstel-
lungsort des von ihm konzipierten Denkmals auf dem
Teutberg nahe sein wollte. Jahrzehntelang kämpfte er
um seinen eisernen Hermann aus Bronze, denn immer
wieder ging das Geld aus. Bandel frettete sich mit Auf-

tragsarbeiten notdürftig durch, aber ohne eine Jahres-
dotation vom Bayernkönig Ludwig I. hätte er wohl
dennoch aufgeben müssen. Das Denkmal steht immer
noch im Teutoburger Wald – inzwischen aber glaubt
man aufgrund jüngster Ausgrabungen zu wissen, daß
die Hermannsschlacht ganz woanders stattgefunden
hat, nämlich am Kalkrieser Berg bei Bramsche nördlich
von Osnabrück. Deshalb wurde dort 1993 auch eine

*Der Kopf des Hermannsdenkmals mit dem Bildhauer Ernst
von Bandel, der vor sich ein Modell des Ganzen stehen hat.*

große Ausstellung veranstaltet. Was Genaues weiß man deshalb trotzdem immer noch nicht – aber gut bekannt ist, was die Römer so weit im Norden Germaniens wollten: Der Plan zielte dahin, die Elbe zur günstigen natürlichen Nord-Ost-Grenze für die neueroberten Gebiete zu machen. Damit aber war's nach der totalen Vernichtung des von Varus kommandierten Expansionsheeres vorbei. Rom ließ das Gros der Germanen hinfort in ihren Wäldern unbehelligt und zog sich auf die bereits kolonisierten Gegenden entlang dem Rhein (hinfort „Germanische Provinz" genannt) und auf Süddeutschland („Provinz Rätien") zurück. Die Germanen wurden später trotzdem noch oft der Schrecken des Imperiums. So zum Beispiel ganz schlimm im Jahr 167: Die Markomannen und ihre Bundesgenossen (wie z.B. Quaden, Sarmaten, Sueben und Jazyken) überrannten von Böhmen und Mähren her die nasse Grenze der Donau und den Limes und verwüsteten vieles, was die Römer in ihren Provinzen nördlich des Alpenkamms in eindreiviertel Jahrhunderten aufgebaut hatten.

Nach den Markomannen-Einfällen wurde in den transalpinen Provinzen das meiste zwar wieder aufgebaut. Aber später kamen noch schlimmere Feinde aus dem unbesetzten Germanien, und der Anlaß für einen ihrer vielen Überfälle war im Jahr 365 – wieder mal – eine geringschätzige Behandlung der „Wilden" durch die Römer. Ein Chronist schrieb: *„In jenem Jahr durchbrachen die Alamannen die Grenzen der Provinz Germanien. Daß ihr Grimm noch größer war als sonst, hatte folgende Ursache: Obgleich ihren Gesandten, die an den Hof des Kaisers geschickt waren, bestimmte Geschenke gegeben werden mußten, wurden ihnen nur minderwertige, das heißt gänzlich wertlose Dinge zu-*

gewiesen. Darüber tobten sie und warfen sich, empört über solche Zumutung, auf die Erde. Als sie daraufhin von Ursacius, dem damaligen Hofmarschall, einem jähzornigen und brutalen Menschen, hart angefahren wurden, kehrten sie nach Hause zurück und regten, indem sie die Sache noch übertrieben, die kriegerischen Stämme, die man mit so schmachvoller Verachtung behandelt hatte, zur Empörung auf." Zu jenem Zeitpunkt hatte Rom aber schon eine lange, ungute Erfahrung mit diesem Germanenstamm hinter sich. Bereits im Jahr 213 hatten sie das Lager Mogontiacum (Mainz) gestürmt, und hinfort kam es immer wieder zu kleineren bis oft ziemlich großen Geplänkeln mit den Angreifern. Endgültig durchbrachen sie im Jahr 260 den Limes und siedelten sich ungebeten im Dekumatenland an (= das Zehntland, im heutigen Schwaben). Schließlich beherrschten sie das südwestliche Gebiet bis in die Schweiz und ins Elsaß – lediglich die Provinzhauptstadt Augsburg war immer noch römisch. Schon damals nannte man das Decumatenland nicht mehr einen Teil der Provinz Rätien, sondern „Alamannia" – zumal sich mittlerweile mit den Eindringlingen ein gewisser modus vivendi ergeben hatte. Die Alamannen belieferten schließlich per Vertrag sogar die noch bestehenden römischen Kastelle mit Verpflegung. Trotzdem ging allmählich in der noch keineswegs aufgegebenen Provinz alles drunter und drüber: Die Wirtschaft lahmte, aus Italien blieb offenbar auch der Nachschub an Münzgeld aus, und die wohlhabenden Römer-Sippen, die von durchziehenden Horden logischerweise besonders geplündert wurden, setzten sich allmählich nach Italien oder sonstwohin ab. Es gab gelegentlich auch Rebellionen einheimischer Stämme, die sich unter der Herrschaft Roms nicht mehr geborgen fühlten. Auch die Alamannen machten von Westen her immer mehr Druck und drängten die Romanen schließlich bis Passau zurück, also bis zum östlichsten Punkt der rätischen Provinz. Die Ansiedlungen am Oberlauf der Donau hatte Rom schon längst aufgeben müssen, und um die Mitte des 5. Jahrhunderts beherrschte der Alamannenkönig Gibuld den größten Teil der Provinz – ausgenommen Passau. Dort hielt sich unter der geistlichen wie auch weltlichen Führung des Hl. Severin noch eine Weile das römische Gepräge. Einer seiner Mitarbeiter, der Mönch Eugippus, schrieb später in der Biographie des Heiligen, daß die Römerherrschaft in Rätien im Jahr 476 zu Ende gegangen sei – im selben Jahr, als der germanische Heerführer Odoaker den letzten Herrscher Westroms namens Romulus absetzte.

Was war der Limes?
Mehr Machtsymbol
als wirklicher Schutzwall

„Teufelsmauer" hatten unsere Altvordern diese Grenzbefestigung lange nach dem Abzug der Römer genannt. Nicht, weil sie die römische Besatzung hätten verteufeln wollen – von der wußte man später kaum noch was. Aber die zugewanderten germanischen Analphabeten konnten sich nach den Stürmen der Völkerwanderung nicht mehr vorstellen, von wem und wann und wozu dieses gigantische Bauwerk errichtet worden sein mochte. Selber hätten sie sowas eh nicht fertiggebracht und hielten es überhaupt für dermaßen menschenunmöglich, daß man es nur dem Teufel und seinen übermenschlichen Fähigkeiten zutraute. Erst der Humanist und Geschichtsschreiber Aventin sprach im 15. Jahrhundert in seinen Geschichtsbüchern erstmals wieder von einer „lantwer" (= Landwehr) der Römer, und der Weißenburger Rektor Döderlein, einer der frühen Limesforscher, publizierte 1723 ein Buch über dieses Thema, in dem er den rätischen Limes als „Kaysersmauer" bezeichnete. Beim Einmarsch in Gebiete nördlich der Alpen hatten zunächst freilich auch die römischen neuen Herren des Landes nicht im Traum daran gedacht, eine Grenzbefestigung dieses gewaltigen Ausmaßes zu bauen. Wozu denn auch: Vor allem in der Südprovinz Rätien war man auf fast keinen

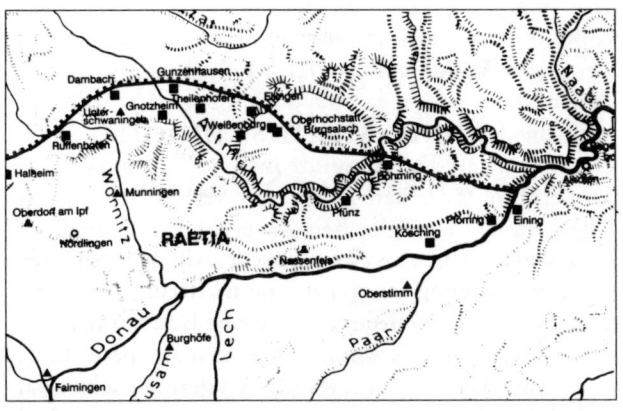

Eine Karte des Limes auf bayerischem Gebiet nach dem neuesten Stand der Forschung – dargestellt im Katalog der Limes-Ausstellung 1992/93.

Widerstand gestoßen. Die Grenzziehung – auf weiten Strecken entlang den Ufern von Rhein und Donau – bot zunächst genug natürliche Sicherheit. Die geplante Ausweitung bis zur Elbe gab man nach der schweren Niederlage gegen die Germanen in der Teutoburger Schlacht zwar auf. Aber andererseits hatten die Römer ihr Besatzungsgebiet mittlerweile schon über Rhein und Donau hinaus erweitert – unter anderem deshalb, weil sonst das Rheinland und die Gebiete südlich der Donau füreinander nur auf großen Umwegen oder über fremdes, unsicheres Territorium zu erreichen gewesen wären. Nun aber galt es, das Landstück im Dreieck zwischen Rhein und oberer Donau, das keine „nasse Grenze" hatte, durch eine deutliche Grenzlinie abzusichern. Wenn man weiß, daß dieser insgesamt rund 560 km lange Schutzwall vom rechten Rheinufer nördlich von Koblenz über den Taunus, den Main entlang bis Miltenberg, dann über Stock und Stein bis Schwäbisch Gmünd und von dort meist ebenso bolzengerade bis Eining bei Kelheim an der Donau reichte. Wenn man ferner weiß, daß es da 900 Wachtürme, 60 große Kastelle und eine noch viel größere Zahl von kleinen Militärposten gab: Dann könnte man freilich auf den Gedanken kommen, den Limes mit der großen chinesischen Mauer zu vergleichen, die ja auch Barbaren fernhalten sollte. Oder an den sogenannten „Antifaschistischen Schutzwall" der DDR, der bis 1989 bekanntlich den genau umgekehrten Zweck hatte: Nicht das Einsickern von Feinden, sondern das Davonlaufen der eigenen Bevölkerung zu verhindern. Aber beide Vergleiche hinken ebensosehr wie der mit Frankreichs Maginot-Linie vor dem Zweiten Weltkrieg oder – auf deutscher Seite – dem Westwall mit seinen vielen Bunkern.

Im lateinischen Wörterbuch wird zwar limes mit Grenze, Grenzwall, Reichsgrenze übersetzt, aber auch mit Grenzweg – und genau das war die ursprüngliche Bedeutung des Wortes: Ein schmaler Pfad zwischen Äckern und Feldern, gleichzeitig die Grenzlinie zwischen verschiedenen Besitzern. Als Grenzmarkierung und gleichzeitig als Nachschubweg hieben die römischen Truppen zuerst einmal eine Schneise auch durch Germaniens Wälder. Der Schriftsteller Tacitus verwendete erstmals das Wort limes als Synonym für diese Grenze des Imperiums. Von einer Befestigung war da aber noch immer keine Rede. Man baute entlang dieser Postenstraße unter Kaiser Domitian nur – in Sichtweite zueinander, je nach Gelände im Abstand von 200 bis 1000 Meter – hölzerne Wachtürme, von denen aus man die Grenzschneise beobachten konnte. Näherten sich irgendwelche verdächtigen Gruppen oder drangen gar ungebeten ein, dann wurde eben per Signalement die nächste Truppengarnison alarmiert. Später scheinen wachsender Wohlstand der römischen Siedlungen und ihre zivilisatorischen Errungenschaften mehr Begehrlichkeit jenseits der Grenzschneise geweckt zu haben. Jedenfalls: Seit etwa 120 n. Chr. begann man zur Regierungszeit Kaiser Hadrians damit, entlang dem Limes-Weg zugespitzte Holzpfähle einzurammen und davor einen Graben auszuheben – als zusätzliches Grenzhindernis. Von diesen Pfählen (in Latein heißt Pfahl palus) kommt nicht nur die Palisade, sondern auch die frühere deutsche Bezeichnung „Pfahl" für den Limes. Und von dem hat auch der Ort Pfahldorf kurz vor dem Limes-Ende an der Donau seinen Namen bekommen, ebenso wie der Ort Haderfleck kurz vor dem Limes-Ende an der Donau vom „Hadrianswall" (dort ließ übrigens König Max II. zum Gedenken an das Werk des Kaisers die Hadrianssäule errichten). Kurz nach dem Palisadenbau ersetzte man nach und nach morsch gewordene Holzwachtürme durch solche aus Stein. Um die Wende vom 2. zum 3. Jahrhundert wurde entlang dem Palisadenzaun mit dem Graben-Aushub auch noch ein Wall aufgeworfen – aber nur am obergermanischen Limes. Am rätischen, der größtenteils auf heute bayrischem Gebiet verlief, leistete man sich statt Holzpalisaden schließlich eine durchgehende, mehr als einen Meter dicke und drei bis vier Meter hohe Steinmauer – eben die „Teufelsmauer". Gesichert wurde das alles zusätzlich durch zahlreiche Kleinkastelle und größere Auxiliarkastelle. Alles in allem kam man aber – nicht zuletzt dank der hervorragenden Verbindungsstraßen – mit einem ziemlich kleinen stehenden Heer aus. Über lange Zeit hinweg reichten ganze 11 000 Soldaten, um die Provinz Rätien zu sichern. Einen Limes bauten die Römer übrigens auch gegen die Schotten – heute Clyde-Forth-Linie genannt, weil sie von Glasgow bis an die Mündung des Forth nördlich von Edinburgh reichte. Außerdem zog man in Nordengland an der engsten Stelle quer durch den Hadrianswall. Ähnliche Grenzbefestigungen gab es auf dem Balkan, im Vorderen Orient und in Nordafrika. Aber alles das kam in Länge und Ausstattung nicht an den germanischrätischen Limes heran. Der hielt zwar ziemlich lange, aber nach den besonders schlimmen Einfällen der Alamannen 259 und 260 mußten ihn die Römer aufgeben: Die neue, weit zurückgenommene Grenze wurde schließlich wieder – wie am Anfang – eine „nasse", d.h. sie lief entlang dem Rhein zum Bodensee, über Land nur von Bregenz bis Kempten im Allgäu, von dort entlang der Iller und dann am rechten Donau-Ufer. Alles, was vor dieser Linie an Städten, Dörfern, Gutshöfen und Kastellen gelegen war, mußte Rom schon damals den Eroberern überlassen. Lange Zeit wußte man vom Limes kaum mehr was – man hatte oft genug andere Sorgen. Erst ab dem 17. Jahrhundert machten sich da und dort interessierte Laien oder historische Vereine an Ausgrabungen, die allerdings meist sehr dilettantisch verliefen und oft mehr zerstörten als aufdeckten. Erst vor gut 100 Jahren, 1892 wurde auf Betreiben des berühmten Historikers und Literatur-Nobelpreisträgers Theodor Mommsen die Reichs-Limeskommission – „das erste von Deutschland zur Aufhellung seiner Geschichte gemeinschaftlich veranstaltete archäologische Unternehmen", wie es in einer Denkschrift heißt. Zunächst glaubte man, mit den 56 Bänden des Forschungswerks in wenigen Jahren fertig zu sein, aber der letzte erschien dann erst 1937. Inzwischen ist durch neue Funde dieser Stand längst auch wieder überholt – vor allem die Luftbildarchäologie hat in den letzten Jahrzehnten viel zutage gebracht, was man vom Boden aus vielleicht nie entdeckt hätte. Und leider wird bis heute immer wieder durch Unachtsamkeit viel Schaden angerichtet. Um nur ein paar Beispiele aus dem Katalog zur Ausstellung „Der römische Limes in Bayern – 100 Jahre Limesforschung" zu zitieren: Das Kastell Abusina (= Eining) wurde im Zweiten Weltkrieg als Flakstellung benutzt und dementsprechend ramponiert. In Dambach wurden aus Eigennutz und Gleichgültigkeit zweimal hintereinander bei der Anlage von Fischweihern umfassende Untersuchungen des Kastells und des Lagerdorfs hintertrieben. Und in Theilenhofen hat man – obwohl die Lage des dortigen Kastells durchaus bekannt war – auf just diesem Gelände ein Wettpflügen genehmigt, wobei der Paradehelm eines Reiters von der Pflugschar erfaßt und zerschnitten wurde. Dummheit kennt eben heute noch manchmal keine Grenzen und macht somit auch vor einem Limes nicht halt.

Lauingen/Faimingen
An den Quellen
des Grannus-Apollo

Der Anblick ist wirklich kurios: Mitten zwischen schlichten E-plus-1-Familienburgen schwäbischer Häuslebauer steht man plötzlich vor römischen Säulen und einer Freitreppe, die zu den Resten eines Tempels hinaufführt. Es handelt sich um die Teilrekonstruktion eines Heiligtums des keltischen Wassergottes Grannus, von dem offenbar die römischen Eroberer sehr angetan waren. Jedenfalls huldigten auch sie ihm, erbauten ihm in Faimingen (heute in die Stadt Lauingen an der Donau eingemeindet) den wahrscheinlich größten Tempel in Germanien und versahen den hohen Herrn mit einem Doppelnamen, indem sie ihm jenen des griechischen Gottes Apollo Phoibos (lateinisch: Phoebus) beifügten. Wie man erst vor wenigen Jahren an Meilensteinen ablesen konnte, die unter der Gundelfinger Pfarrkirche aufgefunden wurden, hieß dieser Ort in römischer Zeit deshalb Phoebiana. Die Meilensteine, die als „Spolien" (lateinisch = Beute,

gemeint sind von woanders stammende, wiederver-
wendete Bauteile) ins spätere Gotteshaus eingemauert
worden waren, ließen aus ihrer Inschrift ablesen:
Straßen und Brücken in dieser Region hatte der Kaiser
Caracalla gestiftet. Und dieser hohe Herr war sogar selber mal in dieser Gegend. Zuvor hatte er um die Jah-
reswende 211/12 n. Chr. eigenhändig seinen Bruder
Geta abgemurkst, und das scheint ihm ein wenig an die
Nieren gegangen sein. Jedenfalls wurde er ernstlich und
chronisch krank. Deshalb legte er auf einem Feldzug
gen Norden im heutigen Faimingen einen längeren
Aufenthalt ein, um sich im Tempel des Wassergottes
gesund zu kuren – vielleicht wäre er Jahrhunderte später eher zu Pfarrer Kneipp nach Wörishofen gegangen?
In Phoebiana badete man im Wasser der heiligen Quel-

*Seltsamer Kontrast: Im Hintergrund die Werke schwäbi-
scher Häuslebauer – davor die Teilrekonstruktion des hier
ausgegrabenen Tempels für den Wassergott Grannus-
Apollo. Sein Heiligtum in Faimingen (Phoebiana) an der
Donau war so berühmt, daß selbst ein römischer Kaiser
hierher zur Kur pilgerte.*

len des Apollo Grannus, aber man trank es auch. Ob nun Caracalla damals das eine oder das andere oder beides praktizierte – jedenfalls sollte ihm Apollo Grannus zur Gesundheit an Leib und Seele verhelfen, und um diesem Wunsch etwas mehr Nachdruck zu verleihen, versprach der Kaiser, er wolle dem Gott hinterher dafür auch eine schöne Straße zu seinem Tempel ausbauen lassen. Daraus könnte man schließen, der Tempel sei zuvor allein und abseits auf weiter Flur gestanden wie eine einsam gelegene Wallfahrtskirche. Tatsächlich lag er aber mittendrin in einem befestigten Ort (vicus), nahe dessen Forum. Auch ein kleines Kastell hat man auf der Flur des vicus gefunden, aber das stammt erst aus späteren Zeiten, als man den Ort selber schon hatte aufgeben müssen und sich nur noch in einer letzten kleinen Zuflucht verschanzte. Am Anfang der römischen Besatzung, Ende des ersten Jahrhunderts, war hier allerdings nur ein Brückenkopf mit Befestigung auf dem Nordufer der Donau gewesen, und zwar an der wichtigen Verbindungsstraße von Augusta Vindelicum (Augsburg) nach der Provinz Obergermanien am Rhein. Dann, als der Limes weiter nach Norden verlegt wurde, entwickelte sich Phoebiana zu einer Nachschubbasis in der vorderen Etappe. Und schließlich im zweiten Jahrhundert zu einer Art kultischem Kurort im Schnittpunkt wichtiger Verkehrswege. Wahrscheinlich hatte es hier schon vorher eine keltische Kult- und Opferstätte gegeben. Nun kam das römische Element hinzu, zum keltischen Grannus der mediterrane Apollo – und fertig war das Heiligtum und der bis nach Rom gedrungene Ruf eines wundertätigen Wassergottes. Der saß hier just am rechten Platz, da am steilen Donau-Ufer unterhalb des Tempels auffällig viele Quellen entsprangen. Wie alle Römer, so hatte wohl auch Kaiser Caracalla zum Wasser ein besonderes Verhältnis – dieser Kaiser erst recht, denn schließlich ließ er in Rom ja die nach ihm benannten großartigen Thermen erbauen. Und so kam es, daß er – nachdem ihm sonst nichts gegen die Gicht (oder irgendein anderes Zipperlein) hatte helfen können – seine Hoffnungen auf den Grannus im fernen Rätien setzte. Ob die Kur beim fremden Gott der heilsamen Wasser tatsächlich angeschlagen hat, davon berichten die Chronisten nichts. Von der einst ausgedehnten stadtähnlichen Siedlung mit einer Fläche von 40 Hektar sieht man heute nichts mehr. Auch von der zuletzt sogar steinernen Umwallung des vicus sind nur noch ein paar spärliche Reste vorhanden. An seinem Verschwinden sind die kriegerischen Germanen nur teilweise direkt schuld, teilweise auch indirekt. Aus Angst vor ihnen haben die Römer in der Zeit der Alamanneneinfälle wahrscheinlich selbst mit der Demontage ihrer Bauten angefangen – als man nämlich ganz auf die Schnelle aus Abbruch-Material ein stark befestigtes kleines Kastell als sichere Zuflucht bauen wollte. Dessen östliche Mauer ist mittlerweile freigelegt. Die Nachfahren jener Alemannen, die sich nach Abzug der Welschen im Bereich von deren vicus niederließen, dürften sich des restlichen, dort noch vorgefundenen Baumaterials zwar erst später, aber dann ebenfalls gern bedient haben. Vermutlich stammen auch die rund 150 schön behauenen Werksteine, die hier 1973 aus dem Flüßchen Brenz geborgen wurden, von einem mißglückten Versuch, Abbruch-Material wegzuschaffen, wobei ein überladener Lastkahn gekentert sein könnte. Vor über 100 Jahren war aber nicht nur vom vicus und seiner Mauer, sondern auch vom Gran-

nus-Heiligtum nichts mehr zu sehen. Bis 1888 der Fai-
minger Volksschullehrer Markus Scheller zum erstenmal den Spaten ansetzte. Er wurde auch fündig und
legte – verglichen mit vielen anderen Amateur-Ausgrä-
bern dieser Zeit – vorbildlich schonend und sorgfältig
die Fundamente des nördlichen Tempel-Teils frei und
fertigte genaue und lückenlose Aufzeichnungen. Aber
dann mußte er wieder aufhören, denn ob's nun ein Sau-
stall oder eine Scheune war: Auf jeden Fall stand ihm
bei der weiteren Grabung ein landwirtschaftliches Gebäude im Wege. Und sowas auf Abbruch zu kaufen,
war einem armen Schullehrer bei den damaligen Hun-
gergehältern des Staates noch weniger möglich als
heute. Der Grannus-Tempel versank also von neuem
in einen fast 100 Jahre währenden Dornröschenschlaf
zurück, bis die Behörden durch eine dräuende Gefahr
wachgeküßt wurden. Als nämlich glatt jemand seinen
neuen Bungalow über die alten Tempelfundamente
drüberbauen wollte. Und nun legte sich das bayerische
Landesamt für Denkmalspflege quer und konnte einen
Teil des antiken Tempelbezirks ankaufen und auf-
decken. Leiter dieser Grabungskampagne 1979/80 war
Professor Kurt Bittel, der schon als Schüler von seiner
nahen Heimatstadt Heidenheim häufig nach Faimingen gewandert war und hier bäuchlings Entdecker-
wonnen genoß, wie er sie selbst in seiner Rede zur
Eröffnung des Freilichtmuseums schilderte: „Wie oft
habe ich mich durch die enge Tür in jene Scheuer ge-
zwängt, in der unter Stroh und sonstigen Ablagerun-
gen ein Teil der von Scheller aufgedeckten steinernen
Entwässerungsrinne der östlichen Halle des Tempels
noch zu sehen war. Alles andere war wieder zugedeckt
oder durch Überbauung unkenntlich. Wer würde es

nicht verstehen, daß aus solchen Erlebnissen der Gedanke entstand, ob es nicht eines Tages möglich sein könne, das Ganze aufzudecken und wieder sichtbar zu machen?"

Was dann aus dem Boden zum Vorschein kam, sah freilich nicht so aus, wie es der Besucher heute zu Gesicht kriegt. Puristen unter den Archäologen schätzen Rekonstruktionen zwar meist wenig, aber um auch dem Laien eine bessere Vorstellung von diesem Wasserwallfahrtsheiligtum zu vermitteln, entschloß man sich zu einem halt doch recht anschaulichen Teilaufbau. Etliche Tafeln bieten vor Ort genügend Informationen, sowohl über Vicus und Kastell wie über den Tempelbezirk. Das Freilichtmuseum kann das ganze Jahr hindurch jederzeit besucht werden. Der Weg auf der Straße ist ab Lauingen mit braunweißen Hinweistafeln spärlich ausgeschildert. Man kann sich aber auf stillen Wanderwegen durch Auwald entlang dem Ufer der Donau und Brenz dem antiken Bezirk (er ist jederzeit zugänglich) auch per pedes nähern – ein schöner und bequemer Spazierweg, gut zur gemächlichen Einstimmung auf die Reste einer nicht so hektischen Vorzeit.

Bei Burgsalach
Afrikanische Kaserne
im Frankenland

Ein Kleinkastell aus der Spätzeit des Limes, wie es in dieser Bauweise am obergermanisch-rätischen Limes und auch sonst in Europa nirgendwo mehr eins gibt – wohl aber mehrfach in Nordafrika: Das ist der sogenannte Burgus bei Burgsalach im fränkischen Naturpark Altmühltal – nicht sehr weit von Weißenburg (Biriciana) und direkt an der alten Römerstraße von dort nach Pfünz (Vetoniana), zu deren Überwachung diese Minikaserne offensichtlich diente. Es gibt sogar Vermutungen, daß es sich da gar nicht um einen Stützpunkt der Armee gehandelt habe, sondern eher um eine Sta-

So zeigt sich der Grundriß des Kleinkastells in der Harlach bei Burgsalach auf einer Luftaufnahme ...

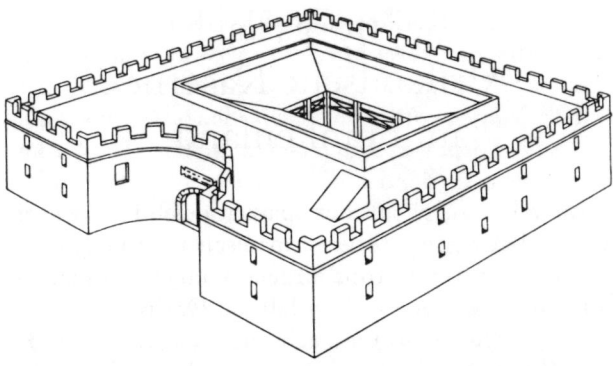

... und so vermutet ein heutiger Rekonstruktionszeichner das damalige Aussehen dieses aus Afrika übernommenen und in Deutschland nur einmal aufgefundenen Kasernenbaus. Auf dem Photo ist das halbrund eingezogene Tor oben, die Rundung auf der Unterseite war das Fahnenheiligtum dieser Kaserne.

tion der Benefiziarier, also jener Beamten, die für Verwaltung und polizeiliche Aufsicht der Straßen zuständig waren. Ebenfalls nur vage Annahmen existieren darüber, wie dieser Bautyp von Nordafrika ins Fränkische gelangt sein könnte und warum er für die europäischen Gebiete des Imperiums einmalig geblieben ist. Möglicherweise war ein höherer Beamter oder gar der rätische Procurator von dort in die hiesige Provinz versetzt worden und hatte entsprechende Pläne mitgebracht. Und vielleicht verhinderte nur der baldige Niedergang der römischen Macht, daß er hier noch weitere solche Kleinkastelle bauen lassen konnte. In Afrika findet sich eine sehr ähnliche Festungsarchitektur mehrfach, und zwar ab dem dritten Jahrhundert. Dort wurden solche Kastellchen – man kann es aus Inschriften ablesen – als centenarium bezeichnet, also als Kaserne für eine Hundertschaft (die in Wirklichkeit meist aus nur 80 Mann bestand). Was unterscheidet dieses Kleinkastell nach Afrika-Modell von anderen in Rätien? Erstens die quadratische Form von 32,6 mal 32,6 Metern. Das kommt dadurch zustande, daß die Innenfluchten der Außenmauern exakt 100 römische Fuß lang sind. Was anderes als derart glatte Maße ohne Brüche wäre bei römischen Baumeistern wohl auch gar nicht in Frage gekommen. Zweitens: Es gibt nur ein einziges Tor, in einen halbrunden Vorhof eingezogen. Danach mußte man durch die Torgasse, eine Art Schleuse, die durch Doppeltüren innen und außen besonders gesichert war. Von den Schwebebalken dieser Tore fand man sogar noch Spuren vor. In der Mitte zeigt der Grundriß einen Lichthof mit zwei Durchgängen, in dessen Ecken fand man Zisternen für die Wasserversorgung. Gegenüber dem Eingang lag in einer ebenfalls halbrunden Apsis das Fahnenheiligtum, ohne das ein Römerkastell nur im extremen Notfall denkbar war. Sämtliche Räume, auch die jeweils 20 qm großen 10 Mannschaftsunterkünfte mit gemauerten Herden für je acht Soldaten, die Offizierswohnung, das Dienstzimmer des Kommandanten und die Rüstkammer: Das alles wurde an den vier Seiten um den Innenhof mit einem überdachtem Umgang an die Außenmauern angebaut, und zwar wahrscheinlich zweistöckig. Durch Treppen gelangte man an vier Stellen zum Obergeschoß hinauf, das möglicherweise aber nicht ausgebaut, sondern nur ein Wehrgang war – genau ließ sich das nicht mehr feststellen. Erstmals systematisch wurde das Kleinkastell in der Harlach 1916/17 von F. Winkelmann aus dem nahen Pfünz ausgegraben. 1965-1970 hat der damalige

Landkreis Weißenburg mit Unterstützung durch das Christian-von-Bomhard-Gymnasium in Uffenheim die Grundmauern so restauriert, wie man sie jetzt vorfindet. Noch etwas später, erst 1978, entdeckte man durch Luftaufnahmen nur einen Drittelkilometer vom Kleinkastell entfernt ein weiteres und größeres Militärlager an der Römerstraße von Biriciana (Weißenburg) nach Vetoniana (Pfünz). Diese Anlage war immerhin 1 Hektar groß. Ihr Umwehrungsgraben zeichnete sich auf den Luftbildern deutlich durch Wuchsspuren in einem Getreidefeld ab, auch das südliche Tor ist zu erkennen. Mehr weiß man darüber noch nicht, denn dieses Lager ist bislang nicht ausgegraben. Man nimmt jedoch an, daß es so ähnlich gewesen sein dürfte wie z.B. auch das Kastell Sablonetum bei Ellingen (siehe Seite 74). Aber noch etwas Besonderes war auf den Luftaufnahmen zu entdecken: In der Nordwestecke hatte man einen Teil von knapp einem Viertelhektar durch einen weiteren Graben abgetrennt. Man nimmt deshalb an, daß hier irgendwann die Belegung dieser Kaserne verringert wurde, und daß schließlich sogar die ganze Anlage aufgegeben wurde, weil man ein Stückchen weiter den „Burgus" fertiggestellt hatte, der jetzt für das Restkontingent der Truppe bzw. für die Straßenwacht-Mannschaft völlig ausreichte. Diese neue Kleingarnison wurde nach ihrer Einweihung aber nur kurze Zeit genutzt, denn bald danach mußte das Imperium den Limes und das Gebiet unmittelbar dahinter aufgeben. Der Druck der Germanen war zu stark und das römische Imperium schon etwas schwach geworden, so daß man sich also wieder auf die früheren Flußgrenzen von Rhein und Donau zurückzog – im Wehrmachtsbericht des Zweiten Weltkriegs wurden

der Bevölkerung solche Schlappen immer beschöni-
gend als „Frontbegradigung" oder „Frontverkürzung"
verkauft. Wer sich den einmaligen „Burgus" anschauen
will: Fast direkt am Limes, beim südlichen Ortsende
von Burgsalach, liegt der Wander-Parkplatz des Na-
turparks (mit einer Schutzhütte), von wo aus das Kleinkastell auf einem kurzen Spaziergang zu erreichen ist.
Es gibt aber auch zwei ausgeschilderte Rundwander-
wege, die außerdem ein Stück dem Limes entlang und
auf einer Römerstraße verlaufen; sie führen an einem
rekonstruierten hölzernen Wachtturm vorbei, vom
ehemaligen Landkreis Weißenburg und dem Naturpark Altmühltal so nachgebaut, wie er mit ziemlicher
Sicherheit einst ausgesehen hat. Ein Stückchen weiter
findet man die Reste eines steinernen Wachtturms mit
einem Stück Limesmauer. Die Strecke 1 ist ca. 5 km
lang, Strecke 2 dagegen 8 km – alles läßt sich aber selbst
an heißen Tagen leicht verkraften, denn zwei Drittel der
gesamten Wanderstrecke verlaufen durch schattigen
Wald. Und auf beiden Strecken marschiert man ein
Stück weit genau auf der Trasse jener Straße, die einst
schon die Römer benutzten. Um Öffnungszeiten
braucht man sich hier nicht zu kümmern – der Burgus
und der Wachtturm sind jederzeit zugänglich.

Regensburg
Eine Festung für 6000 Legionäre

Der Schüler Sascha Bardens vom Gymnasium Schäftlarn im Isartal schrieb im Sommer 1993 einen Brief an den römischen Herrscher Marc Aurel, den man oft den „Philosophen auf dem Kaiserthron" nennt. Der residiert nun allerdings schon längst in der Ewigkeit und hat auf Erden keine Postleitzahl – deshalb wurde die Epistel des Gymnasiasten in der Süddeutschen Zeitung veröffentlicht. Hier ein paar ganz witzige Auszüge: „Ave, Marc Aurelie! – Du glaubst gar nicht, wie sich Dein Castra Regina verändert hat. Erst letzten Dienstag war ich dort und habe es mir angeschaut. Deine Porta Prätoria steht noch, aber sonst ist nichts mehr von der damaligen Pracht zu sehen. Eine kleine Ecke von der Stadtmauer steht auch noch, aber jetzt ist man stolz darauf, aus Deiner Epoche Spuren in zehn Metern Tiefe gefunden zu haben." Dann schildert der Schüler dem Kaiser ganz kurz, was sich inzwischen in Sachen Religion verändert hat, und beschreibt die heutigen Einwohner als „...hektische Menschen, die durch die inzwischen ausgebauten Straßen eilen, um den Omnibus – das ist, wie der Name schon sagt, ein Massenbeförderungsmittel – zu erreichen und sich zwischendurch bei Mac Donalds Hamburger und Pommes frites reinzuziehen. Wer noch jung an Jahren ist, läuft in zerrissenen Kleidern durch die Gegend, mit einem Kasten auf der Schulter, aus dem laute Musik tönt, aber solche, bei der sich Apoll entsetzt die Ohren zuhalten würde." Nach etlichen weiteren Schilderungen und Erklärungen schließt der Brief so: „Schade, daß Du schon

Als das älteste Stadttor in Deutschland wird die Porta Praetoria, das Nordtor der römischen Legionsfestung Castra Regina in Regensburg bezeichnet. Es ist allerdings nur in Bruchstücken erhalten: Einst hatte es zwei Türme, und die waren noch um einige Meter höher.

1800 Jahre tot bist. Vale, oder wie man jetzt sagt, bye bye, Marc Aurel!" Ob der philosophische Kaiser sich aus all dem ein Bild machen könnte, was aus seiner Stadtgründung geworden ist? Zumal nicht alles so ganz stimmt, was der Gymnasiast von heute dem Herrscher von damals schreibt. In der Tat findet man nämlich in Regensburg außer der Porta Prätoria und dem Stadtmauer-Rest am Dachauplatz doch noch etwas mehr vor – auch im Freien, vor allem aber im Museum. Dessen Schätze bekamen erst vor wenigen Jahren einen wichtigen Zuwachs. Der Bauarbeiter Alois H. darf den Römern sehr dankbar sein: Beim Freigraben einer Erdgasleitung auf Bahngelände stieß er 1989 mit dem Pickel auf einen Topf, der das enthielt, was jetzt „Regensburger Schatzfund" heißt. Nämlich: 25 Goldmünzen, 700 Silbermünzen und eine Menge schöner Schmuckstücke. Man nimmt an, daß 170 n. Chr. ein römischer Offizier sein Spargeld und den Schmuck der Gattin in einer Fäkaliengrube versteckt hat, als Markomannenkrieger das schon vor dem Legionslager angelegte Kastell für 500 Mann Auxiliartruppen im Stadtteil Kumpfmühl demolierten. Eigentümer des Fundes, dessen Geldwert offiziell nie genannt wurde (Expertenschätzungen reichen von mindestens 100 000 Mark bis zu einer halben Million), waren je zur Hälfte die Deutsche Bundesbahn und der Finder. Der Arbeiter Alois H. wurde für seinen Anteil finanziell abgefunden, die DB stellte den ihrigen als Dauerleihgabe zur Verfügung, und drum sieht man den Schatzfund heute in der römischen Abteilung des Regensburger Stadtmuseums (die ehemalige Minoritenkirche am Dachauplatz 2, Öffnungszeiten Di. mit Sa. 10.00–16.00, So. und Fei. 10.00–13.00 Uhr, geschlossen am 1. Januar, Karfreitag,

Oster- und Pfingstmontag, 1. Mai, 1. November, 24., 25. und 31. Dezember). Dort sind auch viele sehenswerte Funde aus einem Römer-Friedhof zu sehen, der vor 120 Jahren beim Bau der Eisenbahn und des Bahnhofs aufgedeckt wurde. Von 6000 Gräbern konnten allerdings nur 1500 untersucht werden – die anderen bleiben wohl für immer unter den Gleisen unzugänglich – auch wenn man unter diesen Umständen von einer ewigen „Ruhe" kaum sprechen kann. Ansonsten aber liegen in dieser Stadt noch etliche Relikte der römischen Legionsfestung Castra Regina zutage. Marc Aurel ließ sie erbauen, als er die III. Italische Legion (6000 Mann) in den Ostteil der Provinz Rätien brachte, um die kriegerischen Markomannen wieder zurückzuschlagen. Er wollte den Donauübergang besser sichern als nur durch das bisherige kleine Kastell mit angeworbenen Hilfstruppen. Um den aggressiven Markomannen die Lust an weiteren Überfällen zu vergällen, stationierte er hier 6000 Legionäre – also eine Elite-Einheit nicht aus irgendwelchen Hiwis, sondern nur aus lauter römischen Staatsbürgern. Das bei den vorangegangenen Kämpfen demolierte Kastell auf dem Königsberg in Kumpfmühl, wo der Schatzfund herstammt, wurde damals nicht wiederaufgebaut, weil es für eine ganze Legion ohnehin zu klein gewesen wäre. Statt dessen ließ der Kaiser unmittelbar am Donau-Ufer und gegenüber der Regen-Mündung eine starke Festung anlegen, die elfmal so groß wurde wie vorher das Kastell: 540 mal 450 Meter und mit den üblichen vier Toren, die größte Römergarnison in Süddeutschland. Von einer acht Meter langen steinernen Bautafel (jetzt im Museum) ließ sich ablesen, daß die Anlage im Jahr 179 n. Chr. fertig wurde, weshalb Regensburg 1979 seinen 1800. Stadtgeburtstag feierte und sich beim Jubiläumsdatum sogar auf diese in Stein gemeißelte Gründungsurkunde berufen konnte, die alle späteren Stürme der Völkerwanderungszeit ziemlich heil überstanden hat. Der Verlauf der acht Meter hohen und zwei Meter starken Wehrmauern läßt sich an Straßenzügen auf dem heutigen Stadtplan noch recht deutlich ablesen. Besterhaltenes Teil ist das Nordtor, die Porta Prätoria, deren Torturm-Rest immer noch 11 Meter über das Straßenniveau aufragt (das römische lag damals ca. drei Meter tiefer). Dieses Tor ist – neben der Trierer Porta Nigra – der älteste noch erhaltene Hochbau in Deutschland. Die wuchtige Nordostecke des Legionslagers sieht man wenige Gehminuten weiter am Kolpinghaus. Und mitten durchs Parkhaus am Dachauplatz läuft ein 60 m langes Teilstück der Ostmauer, das beim Bau dieser Garage freigelegt wurde. Die Südostecke von Castra Regina fand sich in einer Grünanlage am Ernst-Reuter-Platz (freigelegt erst 1955-61). Im Untergrund der Niedermünsterkirche schließlich sind – allerdings nur in Führungen, die das Domkapitel veranstaltet – Reste von Mannschaftshäusern für die Legionäre zu sehen. Und vor dem Städtischen Museum hat man die Rekonstruktion eines Porticus aufgebaut, also einer überdachten Säulenhalle, wie sie die Straße von der Porta Prätoria bis zum Mittelpunkt und die Hauptstraße, die via principalis, zwischen den Toren auf den beiden anderen Seiten säumten. Außerhalb der Festung gab's auch eine Zivilstadt, canabae legionis genannt, aber die wurde während der Alamanneneinfälle aufgegeben. Die Bewohner flüchteten hinter die dicken Festungsmauern. Die und überhaupt die militärischen Bauten fanden die Bajuwaren, als sie im 6. Jahrhundert hier anrückten, fast unversehrt vor und machten sie zu ihrer Residenz- und Hauptstadt, die lange Zeit als uneinnehmbar galt. Der sogenannte Römerturm mitten in der Stadt stammt allerdings nicht mehr von den Legionären. Zwar enthält er allerhand an Spolien, also römisches Steinmaterial aus anderen Bauten, aber errichtet wurde er in seiner jetzigen Form erst im Mittelalter. Das Nordtor, die Porta Praetoria (ehedem zweitürmig) mag damals vielleicht ebenso wie die im Baustil vergleichbare Porta Nigra in Trier als höchstherrschaftlicher Wohnpalast verwendet worden sein. 1649 aber hat man sie in eine bischöfliche Brauerei mit eingemauert und erst 1885 bei Umbauarbeiten wieder entdeckt und freigelegt. Heute ist dieses Bauwerk ein Teil des Hotels Bischofshof. Ganz so alt wie die Stadt ist dieses Tor übrigens nicht: So wuchtig, wie man es heute sieht, wurde es zur Verstärkung der Festung erst im vierten Jahrhundert ausgebaut. Bemerkenswert: Die mächtigen Quader sitzen ohne Mörtel fugenlos aufeinander. Auch deshalb muß man in Sachen Baukunst wieder einmal auf gut Bayrisch eingestehen: „Hund warn s' fei scho – die Römer". Auch wenn andererseits Asterix und Obelix von deren IQ nicht so viel gehalten haben ...

Schwangau bei Füssen
Bergbahn-Blick auf
Römer-Ruinen

„Mit dem Fahrstuhl in die Römerzeit" – so lautet der Titel eines bekannten Buches über antike Ausgrabungen im Zentrum von Köln, zu denen man mit einem Lift in die Tiefe fährt. Sowas hat Bayern zwar nicht zu bieten, dafür aber das totale und mindestens ebenso seltene Gegenstück dazu: In Schwangau bei Füssen kann man römische Relikte von der Kabine einer Bergbahn aus besichtigen. Bereits seit 1934 war klar, daß es sich beim Gelände an der Schwangauer Hornburg unterhalb des Tegelbergs um ein römisches Siedlungsgebiet gehandelt hatte. Die bislang aufgefundenen 11 Bauten waren freilich zu viele für nur einen Gutshof (villa rustica), selbst für einen großen, aber andererseits zu wenige für ein ganzes Dorf (vicus). Auch eine militärische Anlage konnte es kaum gewesen sein. Aus Metallschlacke und naheliegenden Erzgruben schloß man, es könne sich vielleicht um eine Manufaktur für irgendwelche Eisenwaren gehandelt haben – dafür spräche auch eine Stichstraße, die den Platz über nur wenige Kilometer mit der wichtigen Fernverkehrsstraße Via Claudia verbunden hatte. Man konnte also sowohl für die Anlieferung von Material wie für die Verfrachtung von fertigen Produkten die Lage als sehr verkehrsgünstig bezeichnen. Der interessanteste Fund wurde erst 1966 beim Bau einer Seilbahn auf den Tegelberg gemacht. Dort, wo jetzt die Talstation steht, baggerte man die Fundamente eines einst offenbar recht prunkvollen Wohnhauses aus. Von der Architektur her war's freilich nichts Besonderes, denn ähnliche Beispiele kannte man schon zur Genüge. Was hier anders war: Eine Mure hatte das verlassene, aber offenbar noch unversehrte Haus bereits in der Spätantike verschüttet und damit die reichen Wandmalereien, die samt dem Verputz abgefallen waren, im Boden gut konserviert. Man konnte die Bruchstücke wieder zusammenfügen und stellte fest, daß es nirgendwo in Bayern etwas Vergleichbares gab. Schon deswegen, weil hier der Künstler Götterfiguren, Tiere und Eroten auf die Wände gepinselt hatte – sonst dagegen war es in den Provinzen nördlich der Alpen nur üblich, abstrakte oder florale Ornamente als weniger aufwendigen Wandschmuck zu verwenden.

Dieses Wohnhaus selbst konnte nicht erhalten werden: Nachdem es die Archäologen genau vermessen und aufgenommen und die Freskenreste geborgen hatten, mußte es dem Bau der Talstation für die Bergbahn weichen. Wenig später aber legte man ein Stück daneben den Parkplatz für die Fahrgäste an, und dabei kam – einen Steinwurf weit vom Wohnhaus – das Familienbad zutage, dessen Mauern noch bis zu 2 m Höhe erhalten geblieben waren. Mit seinen reichlich 13 x 12 Metern ist dieses Badegebäude in der Grundfläche größer als heute die meisten Einfamilienhäuser. Und ebenso wie zuvor schon das Wohnhaus zeichnete es sich durch reichhaltige Funde von Wandmalereien aus. Das erklärt sich so: Die ganze Anlage war wohl nicht von den Alamannen erobert und demoliert oder niedergebrannt worden – ihre Bewohner hatten sie wahrscheinlich schon vorher aufgegeben und waren (wohl aus Furcht vor dem drohenden Germanen-Ansturm) weggezogen.

Eine der graziösen Tierdarstellungen, die sich von den Wandmalereien des römischen Privatbadehauses bei Schwangau erhalten haben: ein Fasan. Solche Fresken-Funde sind in der rätischen Provinz äußerst selten – schon gar in derart gutem Zustand.

Irgendwann stürzten die nicht mehr genutzten und gepflegten Gebäude dann ganz von allein ein. Der bemalte Wandputz fiel zwar in Brocken ab, wurde aber am bzw. im Boden durch eine Geröllschicht darüber bestens konserviert. Bei der Ausgrabung und Zusammenfügung zeigten sich deshalb die Farben so frisch und unverbleicht, wie sie schon runde 1700 Jahre zuvor gewesen sein dürften. An den Badehaus-Grundrissen sind noch deutlich das Tepidarium (Auskleide- und Ruheraum mit Laubad), das Caldarium (Warmbad), Frigidarium (Kaltbad), Sudatorium (Schwitzbad) und Praefurnium (Heizraum mit Heißwasserkessel) zu erkennen. Man hat den besten Überblick von einer Besucherplattform (von Mai bis Oktober, im Winter wird das Bad zugedeckt) und auch, wie schon gesagt, im Darüberschweben von der Bergbahngondel aus. Jeder dieser Räume war reichlich mit Fresken ausgeschmückt. Die Malerei-Fragmente auf den Putzbrocken fand man zum Teil so gut erhalten auf, daß einige Darstellungen in den Werkstätten der Prähistorischen Staatssammlung in München wieder vollständig zusammengesetzt werden konnten. Wo das nicht möglich war, hat man eine zeichnerische Rekonstruktion von Wänden und Decken erarbeitet. Das Gewölbe über dem Kaltwasserbecken des Frigidariums haben die Restauratoren dort samt den geborgenen Freskoresten in einer mühseligen Puzzle-Arbeit ebenfalls wieder zusammengefügt. Das Ergebnis kam aber auch nicht mehr nach Schwangau zurück, sondern ist in der Prähistorischen Staatssammlung in München zu sehen. Die „Prähistorische" (Näheres darüber ab Seite 130) ist ja sowieso ein Muß für jeden, der sich für Roms Relikte in Bayern und überhaupt für unsere Vor- und Frühgeschichte interessiert.

Bei Theilenhofen
Vom Kastell blieb nur das Bad

Iciniacum hieß ein Kastell ungefähr zwei km hinter dem Limes und 700 Meter vom heutigen Ort Theilenhofen in der Nähe von Gunzenhausen (im oberen Altmühltal). Von dem Hochplateau, auf dem dieser Militärstandort angelegt war, ließ sich ein ziemlich langer Limes-Abschnitt mit neun bis zehn Wachttürmen überschauen. Noch im 17. Jahrhundert ragten seine Mauern, wie es in alten Berichten heißt, „mehrere Schuh" hoch aus dem Boden. Schuh war eine andere Bezeichnung für das alte Längenmaß Fuß, das je nach Gegend sehr unterschiedlich ausfiel: Von etwa 25 bis fast 44 Zentimeter. „Mehrere Schuh hoch" – das wäre dann aber selbst im allergeringsten Fall immerhin doch noch ein halber Meter gewesen, und somit hätte es die Reichslimeskommission Ende vorigen Jahrhunderts leichter gehabt, Lage und Größe dieses Kastells zu ermitteln. Aber wie es halt auch anderswo immer wieder passierte: Die Mauerreste waren den Bauern beim Pflügen lästig, also wurden sie immer mehr abgetragen und beiseite geschafft und mußten an anderer Stelle vielleicht als Fundamente für einen Heuschober oder zur Bachverbauung herhalten. Schließlich blieb hier oberirdisch nichts mehr davon zu sehen, aber der Platz war immer noch als ergiebiger Fundort für kleine römische Altertümer bekannt. Vor allem Münzen kamen beim Ackern in solchen Mengen zum Vorschein, daß man vermuten kann, hier sei bei einem Alamanneneinfall dem Zahlmeister möglicherweise die Regimentskassentruhe beim eiligen Rückzug ausgekippt. Und die

Eindringlinge hatten mit dem Römergeld nicht viel im Sinn – sie gaben den Kindern die Denare zum Spielen, denn die meisten neueren Prägungen hatten durch die ständige Münzverschlechterung kaum noch einen wirklichen Wert. Erst als man merkte, daß Klöster solche römischen Münzen sammelten, scheint man sich überlegt zu haben: Wenn diese klugen Mönche, die lesen und schreiben und sogar Latein können – wenn die sowas des Aufhebens für wert halten, dann müssen die alten Geldstücke ja wohl doch was wert sein. Und die Folge, so wird berichtet: Zeitweise habe man die auf den Äckern herausgepflügten Münzen in einigen Dörfern um das Theilenhofener Kastell herum als eine Art lokale Zweitwährung in Zahlung genommen, vor allem in den Wirtshäusern. Erst bei Grabungen zwischen 1879–95 wurden die Umrisse des Kastells wieder freigelegt, die zuvor lediglich stellenweise noch ganz schwach an der flachen Mulde des Grabens vor der Kastellmauer zu erkennen gewesen waren. Wie schon bei den benachbarten Kastellen von Aufkirchen und Gnotzheim begnügte man sich mangels Mauerresten damit, den Umriß durch eigens angelegte Feldwege im Gelände zu markieren. Die vier Ecken wurden außerdem durch die Pflanzung von Bäumen hervorgehoben. An der östlichen Ecke legte man ein kleines Grundstücksdreieck als Grünfläche an und setzte einen Denkstein für das Kastell hin. Daß es ziemlich groß war, sieht hier jeder selber: Knapp 200 Meter lang und 140 Meter breit, Standort für eine Cohors equitata, also eine Truppe aus 360 Fußsoldaten und 120 Reitern. Auf Ziegelstempeln hat jene Einheit, die als letzte vor dem Rückzug hierher abkommandiert war, ihre Visitenkarte hinterlassen mit dem Signum: C III BR. Was dem kundigen Romologen sagt: Es handelte sich um die Cohors III der Bracaraugustaner – der Name von Auxiliartruppen, die auch in andern Standorten hinter dem Limes öfter mal genannt werden. Statuenfragmente, die hier gefunden wurden, stammen möglicherweise von einem Kaiserstandbild im Mittelpunkt des Kastells. Vielleicht war's das von Trajan, unter dessen Regierung (98-117 n. Chr.) das Steinkastell Iciniacum wahrscheinlich erbaut worden war. Etwa 150 Jahre später wurde es von den Alamannen überrannt und zerstört. Viel interessanter, weil vorbildlich restauriert, ist hier aber das Kastellbad, das erst 1968/69 im Echerbach-Tälchen bei der Flurbereinigung entdeckt wurde. Wegen Problemen mit der Wasserversorgung hatte man es nicht gleich neben das Militärlager hingebaut, sondern etwa 250 Meter weiter weg. Vor der Ausgrabung war hier Ödland gewesen, das als wilde Mülldeponie benutzt wurde. Die Grundmauern des Bades sind komplett freigelegt. Es hatte sieben Räume und war so gegliedert wie fast alle römischen Bäder damals: An das Apodyterium, den Eingangs- und Umkleideraum, schloß sich das Kaltbad mit dem Kaltwasserbecken (Frigidarium) und dem Schwitzbad (Sudatorium) an. Es gab außerdem zwei Räume für lauwarme Bäder (Tepidarium) und ein Warmbad (Caldarium), dazu Nebenräume für die Beheizung. Die funktionierte – wie fast immer in römischen Bauten – durch den Fußboden mit Wärme von unten und seitlich. Warme Luft strich durch Hohlräume unter dem Boden und wurde durch Kamine aus Hohlziegeln in den Wänden wieder abgeleitet. Befeuert hat man das ganze von außen – wegen dem Rauch. Alles in allem zeigt das, wie sehr man selbst beim römischen Militär auf Hygiene-Komfort und

Bade-Kultur hielt: Eine so geräumige und komfortable Anlage für nur 500 Soldaten und die sicher wenigeren Leute aus der Zivilsiedlung! Und heute gibt es bei uns dagegen Gemeinden mit 12000 und mehr Einwohnern, die sich ein Hallenbad nicht leisten zu können glauben. Besonders interessant ist hier das in einer Apsis untergebrachte Frigidarium. Dieses halbrunde Kaltwasser-Tauchbecken war nämlich noch komplett mit glattpolierten und fast unversehrten Solnhofer Steinplatten ausgekleidet, als es freigelegt wurde. Im Kastellbad von Pfünz hatte man zwar schon 1903, dann 1926 auch in Weißenburg solches Sedimentgestein als Becken-Auskleidung gefunden, aber eben nur in Fragmenten. Die Platten in Theilenhofen wurden sorgfältig abmontiert und ins Museum auf dem Maxberg im Markt Mörnsheim bei Solnhofen gebracht. Dort hat man mit den Original-Platten eine Nachbildung des Beckens gebaut. Als Whirlpool wäre es mit seiner Breite von 3,2 m und dem Volumen von 9500 Litern auch für heutige Ansprüche recht geräumig. Das Maxberg-Museum befaßt sich mit allem, was irgendwie mit Solnhofer Platten zusammenhängt – von Versteinerungen (viele Tiere, vor allem längst ausgestorbene) über die Verwendung dieses Materials am Bau bis zu den künstlerischen Techniken wie der Steingravur und der Lithographie. Dort wird diese von Alois Senefelder erfundene Steindrucktechnik mit Solnhofer Platten auch vorgeführt. Das Kastell und die Bad-Ausgrabung in Theilenhofen kann jederzeit besichtigt werden. Das Museum auf dem Maxberg hat ganzjährig täglich von 8.30-12.00 und 13.00-16.45 Uhr geöffnet.

Günzburg
Funde aus der Nekropole

Anno 1784 ging den Brüdern Kratzer beim Fischen in der Günz ein seltener und extrem schwerer Fang ins Netz: Ein Weihestein für den römischen Wassergott Neptun, in der Antike gestiftet von den Mühlenbesitzern an diesem Flüßchen. Spätestens seit damals weiß man (wieder), daß das heutige Günzburg bereits zu Zeiten des Kaisers Vespasian eine größere Ansiedlung gewesen sein muß. Eine, die freilich schon auf den um 500 vor Chr. von Westen zugewanderten Keltenstamm der Vindeliker zurückging – ebenso wie der Name. „Gunt" ist nämlich das keltische Stammwort für Zusammenfluß, Flußmündung – und hier mündet ja die Günz in die Donau. Erst 1929 wurde nochmals ein Weihestein aus dem Wasser geborgen, diesmal aus der Donau, den Leute dort beim Baden entdeckt hatten. Diesen Altar hatte im späten 2. Jahrhundert Caius Julius Faventianus, Centurio der I. Italischen Legion, einer Fluß-

Ein Weihestein für die keltische Göttin Gontia, den ihr ein römischer Offizier namens Faventianus stiftete. Erst vor gut 70 Jahren hat man dieses Dokument für die Entstehung des Ortsnamens, aus dem später Günzburg wurde, in der Donau nahe der Günz-Einmündung gefunden.

und Ortsgottheit namens Gontia gewidmet – womit dieser Name erstmals schriftlich überliefert wurde. Ein wenig rätselhaft ist dabei nur, daß die legio I Italica zu dieser Zeit keineswegs hier stationiert war, sondern in Novae an der (schon sehr!) unteren Donau in der Provinz Moesien, zwischen Drina, Save und dem Schwarzen Meer. Dieses Novae ist der heutige bulgarische Ort Svistov. Wie ein römischer Centurio von dort nach Günzburg gekommen sein mag – noch dazu offenbar für einen längeren Aufenthalt? Vielleicht auf Verwandtenbesuch? Wir wissen es nicht, und auch der Grund, warum sich der Hauptmann für eine keltische Gottheit aus Dankbarkeit so in Unkosten stürzte, bleibt ungeklärt. Aber wie auch immer: Durch diesen Herrn Faventianus wurde die Siedlung, die jetzt Günzburg heißt, als Gontia auch für spätere Zeiten aktenkundig, um es mal im Jargon von heute zu sagen. Außerdem ist der Ort unter dem gleichen Namen Gontia im Itinerarium Antonii, einem Reisehandbuch des 3. Jahrhunderts, und dann nochmals um 400 n. Chr. im spätrömischen Staatshandbuch notitia dignitatum erwähnt. Als Beleg für die römische Gründung fand man die Bruchstücke einer steinernen Bautafel, die anzeigt: Unter Kaiser Vespasian und seinen Söhnen Titus und Domitian und unter dem Statthalter Gaius Saturius wurde hier ein Kastell für eine Ala (also ein Reiterregiment von etwa 500 Mann) errichtet, und zwar in den Jahren 77/78 n. Chr. Schon ein gutes Jahrzehnt später wurde die Ala ins Brenztal bei Heidenheim verlegt: Die Garnison Gontia hat man damals wieder aufgelöst, weil Rom mit dem Bau des Limes die Reichsgrenze von der Donau erheblich weiter nach Osten und Norden vorschob. Die Zivilsiedlung Gontia blieb jedoch auch weit hinter der neuen Front und nun tief in der Etappe weiterhin bestehen, ja sie profitierte als Handelsort an einer wichtigen Donaubrücke sogar von neu angelegten Straßenstrecken, wenn auch nicht von der um rund zehn Tagesmärsche schneller gewordenen neuen Verbindung von Mogontiacum (Mainz) nach Augsburg (Augusta Vindelicum), denn die lief ja weiter nördlich vorbei. Andererseits dürfte es damals wie heute so gewesen sein, daß die Auflösung eines Militärstandortes für Handel und Gewerbe in der betroffenen Gegend Umsatzrückgänge mit sich bringt. Als Rom unter dem Druck der Germanen in den Jahren 259/60 den Limes und das dahintergelegene Decumatenland aufgeben mußte, wurde Gontia erneut Grenzort und bekam wieder ein Kastell zur zusätzlichen Sicherung der „nassen" Grenze an der Donau. Das Staatshandbuch notitia dignitatum registriert als Kastellbesatzung „Milites Ursarienses" unter einem Präfekten, allerdings ohne nähere Angaben über die Truppenstärke und die Herkunft. Manche meinen, es habe sich um Soldaten aus dem spanischen Urso gehandelt, es wird aber auch die Ansicht vertreten, man habe diese Truppe aus Istrien geholt. Von der Zivilstadt selber gibt es kaum Ausgrabungen: Die ziemlich permanente Besiedlung, die dichte Überbauung im Mittelalter und in der Neuzeit zerstörte einerseits viele römische Bauten, andererseits verhindert sie dort, wo noch was drunter läge, großflächige Ausgrabungen. Was jedoch mindestens teilweise recht gut erforscht werden konnte: Die großen Friedhöfe – auch hier außerhalb des Orts entlang den Ausfallstraßen angelegt, wie das bei den Römern überall üblich war. Das Gräberfeld an der jetzigen Ulmer Straße zählt mit über 1100 Bestattungen zu den größten bisher freigelegten Römerfriedhöfen in Süddeutschland. „Vor Ort" gibt's da für den Laien jetzt leider kaum mehr was zu sehen, wohl aber in Günzburgs Museum, wo ein GrabfeldAusschnitt naturgetreu wieder aufgebaut wurde. Die Ausstellung zeigt – neben Grabbeigaben und vielen anderen Fundgegenständen – verschiedene Formen der provinzialrömischen Totenbräuche, vom einfachen Urnengrab über das Bustum (Verbrennung über offener Grube) und die Amphorenbestattung der Asche bis zum Ziegelkistengrab als dem Übergang von der zuerst allgemein üblichen Brandbestattung zum Körperbegräbnis in den Zeiten der Spätantike. Auch Grabtempel, kleine Mausoleen, wie sie sich wohlhabende Familien errichteten, und Columbarien (Grabkammern für eine größere Zahl von Urnen) werden hier zwar nicht im Original, aber in graphischen Darstellungen gezeigt. Was Günzburgs antike Friedhöfe für den Archäologen und Geschichtsforscher besonders interessant macht: Gräberfunde beweisen, daß ab dem vierten Jahrhundert mehr und mehr Germanen in Rätien ansässig wurden – sei es als geduldete Siedler oder als Söldner – obwohl die Provinz formal noch zum Imperium Romanum gehörte. Rom zahlte diesen Eindringlingen schließlich sogar Schutzgelder, um einigermaßen Ruhe zu haben. Mehr und mehr waren es dann Germanen, die hier bereits das Sagen hatten – und schließlich sogar als Kaiser in Rom. Das Günzburger Heimatmuseum, Rathausgasse 2, ist Di. mit Frei. 10.00-12.00 Uhr geöffnet, außerdem an jedem 1. So. im Monat 14.00-16.00 Uhr.

Passau
Drei Kastelle in der
Dreiflüssestadt

Daß ihre Stadt von den Römern gegründet wurde, das werden die meisten Leute in Passau wohl wissen. Daß diese „Römer" aber in Wirklichkeit gar keine Soldaten aus Italien waren, sondern aus dem Gebiet der heutigen Niederlande, die hier stationiert wurden, das wird nicht jeder auf Anhieb glauben wollen.

Allerdings hat es hier ohnehin erst etwas später angefangen mit der Landnahme durch das Imperium Romanum. Zwischen Ingolstadt und Linz scheinen die Ufer beiderseits der Donau ziemlich unbesiedelt gewesen zu sein, als die kaiserlichen Stiefsöhne Tiberius und Drusus mit nur ein paar tausend Mann erstmals ins nördliche Voralpenland einmarschierten. Man hielt es jedenfalls zunächst nicht für nötig, die „nasse Grenze" in diesem Abschnitt besonders zu schützen. Erst unter Kaiser Vespasian (69–79 n. Chr.) wurden die Kastelle Quintana (Künzing) bei Deggendorf und Castra Batava oder kurz Batavis (Passau) gebaut. Der Name Batavis stammt von einer hier stationierten Cohors IX Batavorum milliaria equitata, also einer 1000 Mann starken und teilweise berittenen Kohorte von Batavern. Die waren ein germanischer Stamm von der Rheinmündung, der's mit den Römern von Anfang an gut konnte und ihnen stets treue Truppen stellte – von einer kleinen und ergebnislosen Meuterei unter ihrem Anführer Iulius Civilis in den Jahren 69/70 mal abgesehen. Ansonsten weiß auch der römische Schriftsteller Tacitus über die

Bataver nur viel Lobendes zu sagen, unter anderem, daß „… ihnen die Ehre und die Auszeichnung alter Waffenbrüderschaft mit Rom geblieben ist". Und dafür hat man sie auch belohnt, denn: „Kein Tribut erniedrigt sie, und kein Steuerpächter saugt sie aus."

Das um 140 n. Chr. erbaute Kastell der Bataver-Kohorte auf der schmalen Halbinsel zwischen Donau und Inn konnte sich in seiner geschützten Lage bis ins 5. Jahrhundert behaupten. Nach und nach entwickelte sich daraus dann schon mehr eine befestigte Ansiedlung, die nun Batava genannt wurde – aber die hat man schon seit dem frühen Mittelalter längst restlos mit der Passauer Altstadt überbaut.

Am gegenüberliegenden Ufer des Inns, das bereits zur Provinz Noricum gehörte, stand lange Zeit ein zweites, kleineres Kastell, das gegen Ende des ersten Jahrhunderts unter Kaiser Domitian angelegt worden war. Es hieß Boiodurum nach einer keltischen Siedlung, die von den Römern hier bereits vorgefunden wurde. Offenbar hat es die Alamanneneinfälle im späten 3. Jahrhundert nicht überdauert. Ausgrabungen Anfang und dann wieder Mitte unseres Jahrhunderts konnten die Lage dieses Kastells im großen und ganzen ermitteln. Es war rechteckig, hatte angerundete Ecken und eine Innenfläche von höchstens 1,3 Hektar. Mittendrin in diesem Gelände stand seit dem frühen 12. Jahrhundert die Pfarrkirche St. Ägidius, deren Reste heute als Wohnhaus dienen. Ansonsten ist da von einstiger Bebauung nicht mehr viel zu sehen.

Daß es ab etwa 270 auf Passauer Gebiet noch ein drittes Kastell namens Boiotro gegeben hat, war zwar lange bekannt, aber bis vor zwei Jahrzehnten wußte man nicht, wo es gelegen haben könnte. 1974 sollte in der Lederergasse nahe dem Inn-Ufer ein Kindergarten gebaut werden – und da kamen bei den Baggerarbeiten Mauerreste zum Vorschein. Weitere Untersuchungen ergaben: Das war's – man hatte Boiotro entdeckt.

In einem Gebäude aus dem Mittelalter, das auf dem römischen Kastell-Areal steht, wurde dann ein umfangreiches Zweigmuseum der Prähistorischen Staatssammlung eingerichtet. Im Außenbereich sieht man – teils durch Farben im Pflaster gekennzeichnet, teils an erhaltenen Grundmauern – die Umrisse dieser kleinen Festung – und die war ein recht massiver Brocken: Mit Mauern von 2,4 bis 3,6 Metern Stärke, mit 4 fächerför-

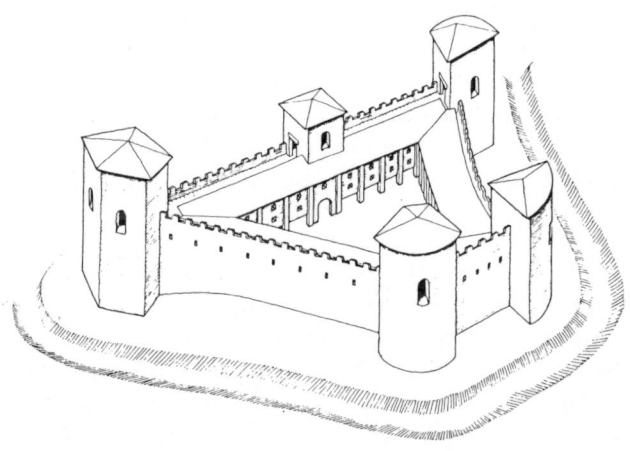

So hat nach Meinung der Archäologen das spätrömische Kastell Boiotro in Passau ausgesehen. Mit ihren fünf eigenartigen Türmen und dem trapezförmigen Grundriß weicht diese Festung aus der Endzeit der Römerherrschaft stark von jenen Kastellen ab, wie sie entlang dem Limes in der Frühzeit der Besetzung gebaut worden waren.

migen Türmen und nur einem Tor, und drumherum ein Spitzgraben bis zu 8 Metern Breite. An die Innenseite der Mauern waren mehrgeschossige Arkadenreihen angebaut, hinter denen Wohn- und Speicherräume lagen. Der mächtige Ziehbrunnen, in den südwestlichen Eckpfeiler einbezogen, liefert auch heute nach rund 1700 Jahren noch Wasser. Der Name von Boiotro lebt in germanisierter Form auch immer noch weiter, denn: Direkt an der Mauer des Kastells vorbei fließt der *Beider*bach in den Inn, und ein Ortsteil der Passauer Innstadt heißt *Beider*wies.

Spätestens 476, als die Soldzahlungen aus Rom ausblieben, brachen die letzten Reste römischer Grenzverteidigung in Germanien zusammen. Im Gebiet zwischen Künzing und Niederösterreich hielt sich trotzdem eine Weile noch eine größere „Insel" mit römischer Zivilbevölkerung. Die fand einen weltlichen und geistlichen Führer im Heiligen Severin, der laut Biographie seines Schülers Eugippius („Vita Sancti Severini") beim Kastell Boiotro ein kleines Kloster gründete. Als der Druck der Germanen immer stärker wurde, evakuierte Severin seine Leute nach Lorch (Lauriacum) in Oberösterreich, wo er gestorben ist. Sechs Jahre nach seinem Tod setzte sich ein Römer-Treck von dort in einem letzten Exodus über die Alpen nach Italien ab. Den Leichnam des Heiligen Severin nahm man mit – der liegt bei Neapel in einer Kirche begraben. Der Heilige entstammte wahrscheinlich einer vornehmen Römerfamilie, begann aber sein geistliches Leben als Mönch in einem Kloster irgendwo im Nahen Osten. Nach dem Tod des Hunnenkönigs Attila († 453) kam er in das Grenzgebiet zwischen Noricum und Pannonien, also den zwei römischen Provinzen weiter östlich an der Donau. Von da gelangte er schließlich nach Batava an der Grenze zwischen Noricum und Rätien. Dort gab's bereits eine Kirche (heute nach ihm benannt), in der er (angebliche) Reliquien von Johannes dem Täufer deponierte.

Das Museum Boiotro zeigt in drei Stockwerken reichliche Funde aus Passau und Umgebung, wobei auch Epochen vor und nach römischer Zeit mit vielen Exponaten dokumentiert werden. Ganz auf Römer-Relikte beschränkt sich dagegen das Lapidarium (Sammlung von Steindenkmälern) im Keller. Aus Passau selbst stammt davon freilich nur wenig, denn da wurde sowas kaum gefunden. In einigen Kirchen der Umgebung dagegen entdeckte man eine ganze Reihe von „Spolien", also verschleppte römische Grabdenkmäler, Altar- und Weihesteine, Säulenstücke und sonstiges Architekturdekor. Diese schönen Sachen hat man im Mittelalter bedenkenlos als Bausteine irgendwo eingemauert – und jetzt kann man sie aus technischen Gründen auch nicht mehr herausbrechen. Wohl aber ließ man von vielen Steinen Abgüsse machen, die nun im Lapidarium von Boiotro zu einer übersichtlichen Ausstellung aufgereiht sind.

Öffnungszeiten des Museums (Lederergasse 43): Zwischen dem 1. 3. und 30. 11. täglich außer Mo. 10.00–12.00 und 15.00–17.00 Uhr, vom 1. Juni mit 31. August nachmittags bereits ab 14.00 Uhr. Telefon: (08 51) 3 47 69.

Ellingen
Wo Pertinax den Commodus
wegmeißeln ließ

„Castellum Sablonetum" – das hört sich allemal interessanter an als der schlichte Name Ellingen. Wobei
dieser nur 1,5 km entfernte Ort (unweit von Weißenburg) ja unter diesem Namen auch eine Besonderheit
aufzuweisen hat, nämlich ein barockes Schloß des
Deutschen Ordens. Und zwar nicht bloß irgendeines:
Ellingen gilt als das größte und bedeutendste unter den
vielen Schlössern dieses Ordens in Deutschland. Schon

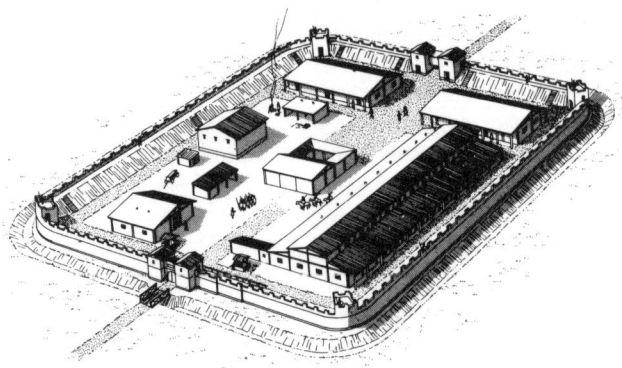

*Eine Rekonstruktionszeichnung des Kastells Sablonetum bei
Ellingen. In der Mitte die Kommandantur, rechts die lange
dreischiffige Wohnbaracke für die Mannschaften, dahinter
zwei kleinere Gebäude, die ebenfalls Unterkünfte oder
Werkstätten waren, links ein Vorratslager und das Lazarett.
Im Gegensatz zu vielen anderen Kastellen dieser Größe und
Bauart hatte Sablonetum nicht vier, sondern nur zwei Tore.*

sehr viel früher als die Deutschordensritter hatten aber
römische Truppen in dieser Gegend einen Standort, allerdings keine Legionäre, sondern nur Auxiliartruppen,
also Söldner auf Zeit und noch ohne Bürgerrecht. Daß
in dieser Gegend was aus der Antike zu entdecken war,
ahnte schon der bayerische Generalmajor a. D. Karl
Popp, bayerisches Mitglied im geschäftsführenden
Ausschuß der Reichslimeskommission. Dem nämlich
war hier der verdächtige Flurnamen „In der Burg" auf-
gefallen, und man wußte bereits von anderswo, daß sich
unter Namen wie Burg, Bürgle, Burgstall usw. sehr oft
römische Befestigungen verbargen. Popp wies den in
diesem Abschnitt zuständigen Streckenkommissar der
Reichslimeskommission darauf hin. Das war der Apo-
theker Wilhelm Kohl von der Einhorn-Apotheke in
Weißenburg. (Die gibt's dort übrigens noch heute, und
sie betreibt zum Andenken an diesen Mann ein kleines,
sehr sehenswertes Apothekenmuseum.) Kohl veran-
laßte 1895 Grabungen „in der Burg", und man wurde
prompt fündig: Lage und Länge der Umfassungsmauer
konnte man damals schon feststellen, auch eruierte man
die vier Ecktürme und fand heraus, daß dieses Kastell
nicht vier, sondern nur zwei Tore an den Schmalseiten
hatte. Durch den plötzlichen Tod des Apothekers 1898
blieben seine Ergebnisse lange Zeit unveröffentlicht liegen; erst 1927 wurden sie von einem Kollegen in der
Streckenbeschreibung dieses Abschnitts publiziert.
Sehr viel mehr wäre vielleicht kaum mehr passiert, hätte
nicht ein halbes Jahrhundert später die Flurbereinigung
großflächige Grabungen durch wirkliche Fachleute
vom Bayerischen Landesamt für Denkmalspflege ermöglicht. Und das war nun das erstemal, daß ein so
großes Kastell (90 Meter lang, 80 Meter breit) am räti-

schen Limes fast ganz aufgedeckt wurde. Dabei kam
man man auch drauf, wie das bislang namenlose Lager
knapp zwei km hinterm Limes geheißen hatte: Castellum Sablonetum, zu Deutsch etwa „Lager am Sand".
Nach Funden kann vermutet werden, daß dieses Lager
in seiner ersten Bauphase als Holzkastell bereits zum
Ende der Regierungszeit des Kaisers Trajan, bzw. zu
Anfang der hadrianischen Herrschaft angelegt wurde,
also etwa zwischen 115 und 125 n.Chr. Später hat man
das Holzkastell mit seinem angeschütteten dicken Erdwall durch Steinbauten ersetzt. Und da ist nun aufs Jahr
genau klar, wann das war. Man fand nämlich am Südtor
eine steinerne Bautafel, auf der auch der Name Sablonetum, außerdem aber die Jahreszahl 182 eingemeißelt war. Man kann daraus allerdings nur noch mit
einiger Mühe (und da man ja weiß, wer um diese Zeit
regierte) ungefähr entziffern, daß als oberster Bauherr
der Kaiser Commodus genannt war. Auf Befehl von
dessen Nachfolger hatte sich nämlich wie anderswo so
auch hier jemand die Mühe gemacht, diesen Namen
wegzumeißeln. Der des offenbar sehr kleinlichen
Nachfolgers klingt für heutige Ohren eher wie der Mar-
kenname einer elektrischen Batterie oder eines chemi-
schen Präparats: Pertinax hieß der Mann, zu deutsch:
der Ausdauernde, der Beharrliche. Auf der Bautafel
ebenfalls genannt ist der damalige Statthalter in der Provinzhauptstadt Augsburg, ein Herr Quintus Spicus Cerialis. Und Bauleiter für das steinerne Sablonetum war
ein Centurio Aurelius Argivus von der III. Italischen
Legion mit dem Standort in Regensburg. Eine Besonderheit: Zum erstenmal nennt diese Inschrift als solda-
tische Bauarbeiter an einem Limeskastell die Elite-Einheit der pedites singulares. Das waren zwar auch keine

Römer, sondern Soldaten der rätischen Auxiliartruppen, aber sozusagen einzeln handverlesene, nämlich die rund 250 ausgewählten Gardesoldaten des Statthalters. Eine Ausstellung von Fundstücken gibt es in Sablonetum nicht, was hier geborgen wurde, steht jetzt im Römermuseum von Weißenburg. Vom Kastell hat man die Nordflanke als Freilichtanlage hergerichtet, d.h. die Fundamente der Umwallung restauriert und den Nordwestturm samt Erdrampe rekonstruiert. Dabei wurde aber nicht mit vielen Phantasie-Zutaten ein bißchen antike Illusion à la Disneyland gezaubert, sondern nur jener Zustand wiederhergestellt, der dem Beschauer den Eindruck einer nicht intakten, sondern einer verfallenen römischen Festung vermittelt. Dieser Aussichtspunkt bietet auch einen besseren Überblick über den Kastellgrundriß. Man sieht: Sablonetum war kein kleines, aber ein recht schlichtes Numerus-Lager für zwei Hundertschaften mit je 80 Mann. Nicht nur, daß es bloß zwei Tore und vier nicht sehr hohe Türme an den Ecken der Mauer hatte. Auch die Principia, das Kommandanturgebäude mit Fahnenheiligtum in der Mitte zwischen den Toren war so klein, daß man vermutet, es könne sich möglicherweise gar nur um ein Fahnenheiligtum ohne Amtsräume gehandelt haben, weil die Truppe keine selbständige Einheit war und also „vor Ort" auch keine Kommandantur hatte. Den größten Teil der östlichen Lagerhälfte nahm ein großer dreischiffiger Barackenbau ein. Darin waren die Mannschaften untergebracht, und zwar in Stubengemeinschaften (contubernia) von je 8 Soldaten. Neben dieser großen Schlafbaracke fand man noch den Grundriß von zwei kleineren Gebäuden, die vielleicht zusätzliche Unterkünfte boten. Es könnte sich aber auch um Werkstätten (fabricae) wie Schmiede, Sattlerei usw. gehandelt haben. Auf der Westseite stand ein Getreidespeicher (horreum) und wahrscheinlich auch das valetudinarium, das Lagerlazarett. Ein halbes Dutzend Brunnen sorgte für genügend Trinkwasser. Aus den Überresten in den Abfallgruben ließ sich der Schluß ziehen, daß die Auxiliartruppen hier gar nicht übel verpflegt wurden: Auch Delikatessen wie Weinbergschnecken und Feigen muß es demnach öfters gegeben haben, aber vielleicht halt doch nur für die Offiziere? Es könnte freilich auch sein, daß die Spezialtruppe der pedites singulares halt nach wie vor doch noch was Besseres war und deshalb auch besser gegessen hat.

Sablonetum ist ohne Öffnungszeiten jederzeit zu besichtigen. Schaukästen sorgen für ausreichende Informationen über das, was man da zu sehen kriegt.

Ein kleines Stück weiter westlich, am neuen Dennenloher Stausee in der Nähe von Gunzenhausen, hat man dort, wo einst der Limes verlief, ein kurzes Stückchen des rund drei Meter hohen Steinwalls wieder aufgemauert. Das vermittelt mal dreidimensional und 1:1 eine gute Vorstellung von den Abmessungen, aber auch von der ordentlichen Arbeit der römischen Soldaten, aber es wird einem auch klar, daß dieses Mäuerchen so wilde und landhungrige Horden wie die Alamannen dennoch nicht auf Dauer aufhalten konnte.

Pfünz an der Altmühl
Gaudi(um) und Panis militaris in Vetoniana

Jedes Jahr im Juli sind seit 1989 in Pfünz an der Altmühl die Römer los: Da marschieren Legionäre und Auxiliarsoldaten auf, begleitet von Kavallerie, Schleuderern und einem Streitwagen. Da kann man aber auch Handwerkern bei ihrer Arbeit wie im alten Rom zuschauen. Man sieht zum Beispiel, wie die caligae, die römischen Militärsandalen aus einem einzigen Stück Leder geschnitten werden. Ein tignarius (Zimmermann) zeigt, wie man einst Baumstämme sauber zu Brettern zersägte, und ein lapidarius (Steinmetz) führt vor, was man mit Hammer und Meißel alles machen kann. Vielleicht hat er auch die Speisekarte in Stein gehauen, auf der Spezialitäten wie das auf offenem Feuer gebackene panis militaris (Legionärsbrot) oder panis furnaceus cum butyro (Holzofenbrot mit Butter) angeschrieben sind. In der ampulla kredenzen „römische" Frauen Wein, im Bierzelt stemmt man cerevisia im poculum, dazu gibt's Aufführungen von lateinischen Theaterstücken, Musik und vor allem für Kinder auch Gaudi(um) zum Mitmachen, wie z.B. das antike Delta- oder Orcaspiel. Gelegentlich kann man außerdem beim Drill der Soldaten zuschauen – beispielsweise an einem ledergepolsterten Holzbock, an dem auch schon damals die Reiter immer und immer wieder den Sprung aufs Pferd üben mußten. Auch Nahkampf-Training mit geflochtenem Schild aus Weidenruten und Holzschwert war in Vetoniana schon zu sehen, und desgleichen

wurde ein onager vorgeführt, also ein „Wildesel". So
nannten die Römer ein Geschütz (natürlich ohne
Schießpulver, das hatten sie ja noch nicht erfunden), das
drei Meter lang und zwei Meter hoch war, 26 Zentner
wog und große Steinkugeln bis zu einem halben Kilometer weit schleudern konnte. Man kann auch Nachbildungen antiker Keramik oder ein Paar caligae-Lat-
schen kaufen – in einem „Römer-Shop"(!). Da hat man
wohl zwei zeitlich weit auseinanderliegende Besat-
zungsperioden ein wengerl miteinander vermengt ...
Das alles findet statt im und beim Ausgrabungsgelände
des Kastells Vetoniana, das einst nicht nur ein Stück des
Limes, sondern auch den Altmühl-Übergang zu bewa-
chen hatte. Der Ortsname Pfünz, so bairisch er klingt,
kommt ja nicht von Pfunds oder was ähnlich Hiesigem,
sondern vom lateinischen pons = Brücke. Das Kastell
wurde auf der heute Kirchberg genannten Anhöhe über
dem Ort angelegt. Es handelt sich bei diesem Platz um
einen mindestens auf zwei Seiten gut zu verteidigenden
Sporn des Jura zwischen den Flußbetten der Altmühl
und des Pfünzer Bachs. Das ursprüngliche Holzkastell,
um 90 n. Chr. unter Kaiser Domitian erbaut, wurde unter Kaiser Antoninus Pius (138 – 161) auf massives Mauerwerk umgerüstet. Aber dennoch: Nachdem es die
Markomannen schon einmal verwüstet hatten, ruinier-
ten es anno 233 die Alamannen endgültig. Dieser Überfall, der wahrscheinlich sämtliche 500 Mann der Besatzung das Leben gekostet hat (von den Leuten der Zivilsiedlung daneben gar nicht zu reden), muß blitzartig
gekommen sein: Bei den Ausgrabungen fand man z.B.
am Südtor noch drei metallene Buckel von verbrann-
ten Schilden an der Mauer. Den arglosen (und vielleicht
auch dösenden) Wachsoldaten blieb offenbar keine Zeit

mehr, sich zu wappnen und zu wehren. Die Eroberer zündeten das Kastell nach der Plünderung an, und dabei verbrannte auch ein Arrestant, den der Kastell-Kommandant wegen irgendwelcher Insubordinationen hatte ins Loch stecken lassen. Man fand seinen Unterschenkelknochen in der Zelle – noch angekettet. Bei den Opfern des Alamannen-Überfalls handelte sich – vom Capo mal abgesehen – nicht um „richtige" Römer, denn auch in diesem knapp 3 Hektar großen Lager war wie fast überall in dieser Provinz nur eine Hilfstruppe von 380 Mann Infanterie und 120 Reitern mit einem schier endlosen Namen stationiert: Cohors I Breucorum civium Romanorum equitata Valeria victrix bis torquata ob virtutem appellata. Was auf Deutsch etwa heißt: I. Kohorte der Breuker, eines aus Pannonien (etwa das heutige Ungarn) stammenden Volkes. Diese balkanischen Söldner hatten aber, wie die Bezeichnung sagt, bereits das römische Bürgerrecht bekommen und waren zudem mehrfach ausgezeichnet worden. Erste Ausgrabungen machte hier der Pfünzer Schloßgutsbesitzer Friedrich Winkelmann, ein Gründungsmitglied des Historischen Vereins in Eichstätt, bereits von 1884 bis 1900. Dabei fand man die Tore, die Umfassungsmauer und mehrere Gebäude im Innern des Kastells, dazu noch 137 Häuser im Lagerdorf nebendran. Im Lauf dieses Jahrhunderts und bis nach dem Zweiten Weltkrieg war aber alles wieder total zugewachsen und verwildert. Als sich vor einigen Jahren bei einer Ortsbesichtigung zwei Experten durch mannshohe Brennnesselstauden kämpften, da bemerkte der eine über diesen Dschungel: „Hier fehlen bloß noch Klapperschlangen." Der historische Verein von Eichstätt hat in den letzten Jahren alles aufgeräumt, die Grundmauerreste konserviert und dann eines der Tore, die 20 Meter lange und neun Meter hohe Porta Praetoria, wieder aufgebaut: Aus handbehauenen Natursteinen mit Mörtel nach römischer Rezeptur – und die Dachziegel ließ man eigens aus der Toscana herbeischaffen, da es die in solcher Form nirgends in Deutschland gibt. Mittlerweile ist auch der Nordturm des Kastells ähnlich rekonstruiert worden und kann als Aussichtspunkt bestiegen werden. Auch wenn gerade kein Kastellfest stattfindet: „Römer" sieht man hier immer, und zwar in der Wachstube des Nordtors. Dort stehen, wenn auch nicht zum Anfassen, weil von Glasscheiben geschützt, zwei Soldaten (lebensgroße Puppen, versteht sich) auf Wache. Der eine mit der Lanze in der Hand, der einen neun kg schweren Schuppenpanzer aus 2200 Eisenplättchen trägt, hält Ausschau in die Ferne. Ein zweiter sitzt im Kettenhemd aus 30000 Eisenringen am Tisch und prüft die Schärfe seiner Schwertschneide. Dies alles scheint die Phantasie von Kindern stark anzuregen – jedenfalls wird hier nicht selten mit Eifer und Gebrüll aus dem Stegreif „Römer und Germanen" gespielt, so wie anderswo und früher „Räuber und Schandi". Um das Kastell herum verläuft ein archäologischer Rundweg mit vier Schau- und Texttafeln; sie informieren in Wort und Bild über die Geschichte des Kastells Vetoniana und seines vicus, über die Rekonstruktion und das römische Straßennetz in der Gegend von Pfünz. Und die 3,5 Hektar dieses Geländes sind neuerdings als erstes „archäologisches Reservat" in Bayern ausgewiesen.

Die Kastell-Anlage Vetoniana in Pfünz ist von März bis Ende Oktober oder (je nach Wetter) bis Anfang November zu jeder Tageszeit zu besichtigen. Von außen

auch im Winter, aber das Nordtor wird dann bis zum
Frühling dicht gemacht.

Weißenburg
Statt Reihenhäusern
Römerthermen

Nur ein Spargelbeet wollte sich im Oktober 1979
in Weißenburg unweit vom längst ausgegrabenen Römerkastell ein Studienrat anlegen – und entdeckte beim
Umgraben das, was heute als berühmter Schatzfund die
interessanteste Abteilung des dortigen Römermuseums
ausmacht: Schmuck und Gebrauchsgegenstände, Dut-
zende von Götterfiguren aus Silber und Bronze sowie
Votivgaben – alles in allem rund 150 Stücke, die sich der
Bayerische Staat 1,8 Millionen Mark kosten ließ, und
für die man eine eigene Etage im neugestalteten Zweigmuseum Weißenburg der Prähistorischen Staatssammlung reservierte. Ein ähnlich zufälliger, aber noch be-
deutenderer Fund war bereits einige Jahre zuvor gelungen: 1977 hoben Bagger die Baugruben für eine Rei-
henhaus-Siedlung aus. Was dabei zum Vorschein kam,
hat die Archäologen viele Jahre lang beschäftigt, denn
man hatte die ansehnlichen Reste eines riesigen Bade-
hauses aus der Römerzeit freigelegt. Daß die Anfänge
der heutigen Stadt bis zum vor 1900 Jahren gegründeten Kastell Biriciana und seiner Zivilsiedlung zu-
rückreichen, das wußte man freilich schon viel länger,
und auf diese Vergangenheit „steht" man in der fränkischen Kleinstadt sehr. Da gibt's z.B. eine Gaststätte

„Römerstuben" und den „Römersekt" eines Getränkegroßhändlers. Das Städtische Limesbad (!) hat eine „Römerrutsch'n", und man wirbt allgemein mit dem Slogan, Weißenburg biete „Gastlichkeit seit Römerzeit". Oder: Die örtliche Zeitschrift für Geschichte, Heimatkunde und Kultur trägt stilgerecht den lateinischen Titel „Villa nostra". Die römische Zivilsiedlung im Weißenburger Untergrund kann freilich nur da und dort fleckerlweise aufgedeckt werden, da sie seit langem völlig überbaut ist. Daß hier Römer-Relikte zu finden sein müßten, galt schon lange als ziemlich sicher. In der Tabula Peutingeriana, der mittelalterlichen Kopie einer spätrömischen Straßenkarte, war die Station Biricianis noch verzeichnet. Und der Flurname Kesselberg klang sehr „verdächtig": Das konnte doch auch mal Kästelberg und noch früher Kastellberg geheißen haben? Richtig begann Weißenburgs Römer-Renais-

Das erst vor wenigen Jahren wieder aufgebaute Kastelltor von Biriciana (Weißenburg) gibt einen Begriff von der wehrhaften Wuchtigkeit solcher befestigter Kasernen. Offenbar hat es hier wegen der Reiter viel Hin- und Herverkehr gegeben – darauf läßt die zweispurige Tordurchfahrt schließen.

sance aber erst vor gut 100 Jahren, als Wilhelm Kohl, Besitzer der Einhorn-Apotheke und Amateur-Archäologe, die Umrisse des Kastells aufdeckte, dessen Grundmauern dann von der 1892 gegründeten Reichslimeskommission vollends freigelegt und wissenschaftlich erforscht wurden. Wie fast alle römischen Militärlager hatten die Eroberer auch das Kastell Biriciana (wahrscheinlich ein übernommener Name aus dem Keltischen) im Jahr 81 n. Chr. zunächst aus Holz erbaut und erst später fest ummauert. Es war – wie man heute von einem hölzernen Aussichtsturm herunter gut überblicken kann – fast quadratisch und ziemlich groß, (174 x 176 bzw. 179 Meter Seitenlänge, Fläche gut drei Hektar), denn hier wurde eine 500 Mann starke Reitertruppe mit entsprechend vielen Pferden stationiert, und zwar die ala I Hispanorum auriana, also eine ursprünglich aus Spanien stammende Einheit. Zwischendurch wurde die auch mal woanders eingesetzt, aber spätestens seit den jahrelangen Abwehrkämpfen gegen die über den Limes hereindrängenden Markomannen blieb sie ab 183 ständig hier stationiert, bis Mitte des dritten Jahrhunderts die Limes-Landgrenze gegen die Alamannen nicht mehr zu halten war und wieder an die Donau zurückverlegt wurde. Zeitweise scheint die hispanische ala zu Beginn des zweiten Jahrhunderts durch die 1000 Mann der cohors IX Batavorum equitata milliaria exploratorum verstärkt worden zu sein, also eine ebenfalls mit Reitern ausgestattete Einheit vom Stamm der Bataver aus dem Gebiet der Rheinmündung, nach der die Garnison Batavia (Passau) ihren Namen bekommen hat. Für diese 1000 Mann war allerdings in Biriciana kein Platz mehr – man nimmt an, daß die sich eineinhalb Kilometer vom

Weißenburger Reiterkastell provisorisch ein eigenes Holz-Erd-Lager in der „Breitung" angelegt haben. Dessen Reste wurden 1976 vom Flugzeug aus gesichtet.

Der Präfekt (Kommandant) von Weißenburg hatte auch das Kommando über etliche kleine Kastelle in der Nachbarschaft, so in Gunzenhausen, Theilenhofen, Ellingen, Oberhochstatt und Burgsalach. Neben dem militärischen Bereich gab es eine große Zivilsiedlung mit dem stattlichen Durchmesser von einem dreiviertel Kilometer. Deshalb fand man außer den ausgegrabenen großen Thermen, die wahrscheinlich ein Militärbad waren, noch kleinere Bäder. Und dort, wo der Schatzfund aus dem Spargelbeet gegraben wurde, dürfte wahrscheinlich ein Tempel gestanden haben. Recht viel mehr läßt sich heute nur mehr schwer aufspüren, da der größte Teil des zivilen vicus mit Wohnhäusern, Gewerbe-Ansiedlungen, Straßen und Bahngleisen dicht überbaut ist. Seit einigen Jahren ist vom Kastell wieder mehr zu sehen als nur die Grundmauern: Das auf dem Original-Fundament rekonstruierte Nordtor, die Porta Decumana, läßt auch den Laien erkennen, daß Biriciana ein ziemlich bedeutender Militärstützpunkt zum Schutz des Limes gewesen sein muß. Alles, was bei Ausgrabungen an Gegenständen gefunden wurde, ist heute in Weißenburgs Römermuseum zu bewundern, das allerdings zeitlich schon viel weiter vorne ansetzt, nämlich bereits in der Steinzeit. Absoluter Schwerpunkt ist aber die römische Epoche mit ihrer großen Zahl von aufgefundenen Objekten. Unter anderem gibt es hier auch ein sehr instruktives Modell des Kastells Biriciana – wie es mal ausgesehen hat, als es noch „in Betrieb" war. Und vor dem Museum wurde ein kleines

Beet mit Heilpflanzen der Römer angelegt – aber nur mit solchen, die durch die Besatzer auch bei uns heimisch geworden sind, also Bohnenkraut, Basilikum, Dill, Johanniskraut, Koriander, römische Kamille, Lein (=Flachs), Spitzwegerich, Tausendgüldenkraut und Thymian. Die großen Thermen, von denen noch aufgehendes Mauerwerk bis zur Höhe von zweieinhalb Metern erhalten geblieben war, wurden inzwischen gut konserviert, teils restauriert, durch Fußgängerstege besser zugänglich gemacht und mit einem großen zeltartigen Dach gegen die Witterung geschützt. Hier hat noch jeder Besucher gestaunt, wie riesig und perfekt diese Anlage war: Die konnte gegen das moderne Hallenbad einer Stadt von heute leicht mithalten. Man bekommt hier auch noch deutlicher als anderswo Einblick in die Technik der Hypokausten-Beheizung. Die Römischen Thermen (Adresse „Am Römerbad") sind ab 1. April bis 31. Dezember täglich außer Mo. 10.00-12.30 und 14.00–17.00 Uhr geöffnet. Das Museum am Dr.-Martin-Luther-Platz hat schon ab 1. März bis Jahresende zu denselben Zeiten offen wie die Thermen.

Das Kastelltor steht in einer öffentlichen Grünanlage und ist jederzeit frei zugänglich.

Möckenlohe bei Eichstätt
Ein bayrischer Bauer
mit römischer Rustica

Als Zwölfjähriger fand Michael Donabauer 1945 auf einem Acker seines Heimatdorfs Möckenlohe eine kleine, ziemlich vergammelte und ungewöhnliche Figur. Weil er neugierig war, brachte er sie zu seinem Lehrer. Und der sagte dem Buben: Hier in der Gegend hätten vor 1800 Jahren mal Römer gehaust – und von denen stamme dieses Figürchen, das viele Jahrhunderte lang herrenlos im Dreck gelegen hatte. Ein Gedanke, der den Zwölfjährigen faszinierte – und von da an ließen ihn, wie er selber sagt, die Römer nicht mehr los. Derselbe Michael Donabauer konnte sich 1993 zu seinem 60. Geburtstag ein wohl einmaliges Geschenk machen: Die erste und bislang einzige villa rustica in Bayern, die auf antiken Fundamenten wieder vollständig genau so aufgebaut wurde, wie sie 18 Jahrhunderte zuvor just dort gestanden hatte, wo heute ein paar Meter nebendran der moderne Donabauer-Hof steht. Und das kam so: In den sechziger Jahren war der alte Hof ziemlich sanierungsbedürftig geworden. Und wie damals oft in solchen Fällen beschloß man, statt lang rumzureparieren lieber gleich neu zu bauen, und zwar außerhalb vom Dorf mitten in den eigenen Feldern. Schon während der Bauzeit seines Aussiedlerhofs fiel Michael Donabauer auf, daß ein Stückchen nebendran ungewöhnlich viele und irgendwie behauene Steine im Boden lagen. Er nahm Spaten und Schaufel, grub ein bißchen tiefer und fand Fundamente. Donabauer holte Archäologen zur

Begutachtung, und die bestätigten ihm, er habe die Ruinen eines römischen Gutshofs entdeckt. Bei den weiteren Ausgrabungen wurden nicht nur Gegenstände aus der Römerzeit gefunden, sondern auch primitive Werkzeuge, aus denen sich schließen ließ: Genau derselbe Platz, auf dem die römische villa rustica gestanden hatte, war schon in der Jungsteinzeit besiedelt gewesen. Donabauers Theorie: „Wo einmal Menschen waren, da siedeln sich immer wieder Menschen an." Auch wenn sie von der Vergangenheit nichts wissen, dann tun sie's eben intuitiv, sozusagen nach dem Gespür. Und so ließe sich ja auch bei dem bayerischen Landwirt Donabauer vermuten, ob er – falls es sowas wie Wiedergeburt gäbe – in einem früheren Leben nicht schon mal ein römischer colonus gewesen sein könnte – und zwar genau hier? Aber vielleicht war's ja auch nur der schiere Zu-

So sieht der Traum aus, den sich der Bauer Michael Donabauer in einem Dorf bei Eichstätt nach zwanzigjähriger Mühe erfüllen konnte: Die komplette Rekonstruktion einer Villa rustica, deren Fundamente und Keller er beim Bau seines Aussiedlerhofs entdeckt hatte.

fall, daß er als Standort für seinen neuen Hof gerade dieses Fleckerl Land ausgesucht hatte. Als die Grundmauern freigelegt und sogar die teilweise noch vorhandenen Keller ausgeschaufelt und untersucht waren, wußten Donabauer und die ihn beratenden Archäologen schon ein bißchen mehr über den antiken Vorbesitzer: Er dürfte einer jener Auxiliarsoldaten gewesen sein, die nach 25 Dienstjahren bei der Armee in Ehren entlassen wurden und als Versorgung einen Hof bekamen. Er hatte etwa 50 Hektar zu bewirtschaften (Donabauers seit zweieinhalb Jahrhunderten existierender Familienbetrieb umfaßt heute nur 38 Hektar). Und er hat wohl oft gern einen guten Tropfen getrunken, denn im Keller fand man viele Vorratsbehälter für Wein, aber auch für Säfte und anderes. Ebenso wie heute, so stand auch damals so ein Hof nicht allein auf weiter Flur: Die Luftbildarchäologie, die zur genauen und vollständigen Ermittlung der Grundmauern auf Donabauers Land eingesetzt wurde, brachte außerdem das Ergebnis, daß allein rund um das heutige Dorf Möckenlohe noch fünf weitere Gutshöfe gestanden hatten. Nachdem nun also der Grundriß aufgedeckt war und man viele schöne und interessante Gegenstände gefunden hatte – was nun? Na was denn schon: Alles so liegen lassen, wie's ist – was anderes konnte man doch gar nicht tun, oder? Aber Michael Donabauer faßte den fast aberwitzigen Entschluß, „seine" villa rustica wieder aufzubauen. Es gehört schon der (vielleicht auch etwas keltische) Dickschädel eines bayrischen Bauern dazu, sowas nicht nur zu sagen, sondern auch zu tun und durchzuhalten. Zwanzig Jahre dauerte es allein, bis die Planung perfekt und der Papierkrieg mit Genehmigungen, Begutachtungen und Zuschußanträgen überstanden war und man mit den Bauarbeiten anfangen konnte. 1985 karrte Donabauer endlich die ersten Fuhren Steine auf sein Grundstück. Nicht frisch aus dem Steinbruch – das wäre viel zu teuer gekommen. Aber er war immer zur Stelle, wenn irgendwo in der Gegend ein altes Gebäude aus Bruchsteinen abgerissen wurde. Und so sind in der römischen villa rustica zu Möckenlohe inzwischen Steine von der alten Poststation in Beilngries ebenso verbaut wie solche aus dem einstigen Bahnhof von Kipfenberg, und jahrhundertealte Balken aus einem Abbruch-Stadel in Dollnstein. Nur beim Dach ergaben sich die gleichen Probleme wie beim benachbarten Kastell Vetoniana in Pfünz und überall sonst, wo römische Bauten rekonstruiert werden sollen: Die passenden Dachziegel, so wie sie einst in der Antike verwendet woren waren, sind in Deutschland nirgendwo aufzutreiben – die mußte sich auch Donabauer für seinen Gutshof in Italien auf Bestellung machen lassen. Bei den Bauarbeiten haben nicht nur der Bauer, seine Frau und sein Sohn zugelangt, sondern kostensparend auch etliche Rentner aus der Nachbarschaft, die es ehedem noch gelernt hatten, mit Bruchsteinen sauber zu mauern. Das weckte schließlich sogar das Interesse der Berufsschule Eichstätt, denn der Wiederaufbau des Römerhauses konnte Lehrlingen verschiedener Handwerksberufe Einblick in Techniken vermitteln, die heute im Handwerk schon kaum mehr wo anzutreffen wären. Trotz solcher Kostenersparnisse summierte sich der Bau aber dennoch auf rund 300 000 Mark – und so viele „Denare" konnte die Familie Donabauer nicht locker machen, die aber immerhin 70 000 Mark aus eigener Tasche gezahlt hat. Für den Rest kam der Landkreis Eichstätt auf, vor allem aber der „Verein Römervilla

Möckenlohe", den der Bauherr schon 1986 gegründet hatte. Er hat inzwischen über 100 Mitglieder, die nicht nur mit Rat und Tat, sondern auch mit „Kies" immer wieder mitgeholfen haben, um das zu vollenden, was im September 1993 endlich eingeweiht werden konnte: Ein kompletter römischer Bauernbetrieb mit ummauertem Innenhof, einem Wohnhaus mit Fußbodenheizung und Säulengang und dazu Stallungen. Alles in allem ein Objekt, das mindestens in Bayern einmalig ist. Die Familie Donabauer bleibt dennoch in ihrem bisherigen Hof wohnen, der wohl doch noch etwas mehr Komfort bietet – auch für die vier Dutzend Rindviecher in ihrem modernen Stall. Andererseits soll der römische Gutshof aber nicht leerstehen, denn mit den vielen Funden von Hausrat, landwirtschaftlichen Geräten und sonstigen Objekten hat man ein Museum eingerichtet, das für die Öffentlichkeit zugänglich ist. Und zwar – bis auf weiteres – jeweils am Samstag und Sonntag 13.00-17.00 Uhr und von Dienstag mit Freitag 15.00-16.00 Uhr. Mehr ist vorläufig nicht drin, denn Donabauers haben ja auch noch ihren Hof zu bewirtschaften und vom Frühjahr bis zum Herbst Feriengäste zu betreuen und Kutschfahrten zu veranstalten. Gruppen können aber nach Vereinbarung auch zu anderen Zeiten kommen. Wer aber als Einzelbesucher eine weite Anfahrt hat, sollte besser vorher anrufen, ob die Öffnungszeiten noch stimmen. Die Telefonnummer: (0 84 24) 2 77. Und per Fernkopierer kann man den bayerischen Bauern mit der Römervilla auch anfaxen unter der Nummer (0 84 24) 38 77.

Bad Gögging und Eining
Wo schon die Legionäre kurten

Auf den kürzesten Nenner gebracht lautet die Geschichte hier so: Vom Badhaus (in der Antike) zum Bethaus (im Mittelalter). Inzwischen ist Gögging an der Donau zwar längst wieder ein modernes Heilbad geworden. Aber auch die antike Therme der Römer ist noch (oder wieder) da. Denn just über dem stattlichen Badebecken von 8 mal 12 Metern, wo einst die Besatzer ihr Zipperlein in warmem Wasser kurierten – genau darüber war später die Kirche St. Andreas gebaut worden. Nach den Stürmen der Völkerwanderung, im 7. Jahrhundert, hatte zunächst sogar dieses Badebecken selbst – vermutlich nur mit einem primitiven Dach darüber – eine Zeitlang als Kultraum für frühchristliche Gottesdienste gedient. Sich gesund baden kann man in Gögging heute wie einst bei 38° in der „Limes-Therme", die nicht nur warm, sondern auch mineralisch ist. Die Kur läßt sich mit Schwefel aus örtlichen Quellen und mit Moor kombinieren. Und wie schon ehedem bei den römischen Soldaten sollen diese Anwendungen hauptsächlich gegen rheumatische Erkrankungen, Arthrosen, Nervenentzündungen und chronische Ekzeme Abhilfe schaffen. Um die Mitte des 2. Jahrhunderts n. Chr. begannen hier, verkehrsgünstig nur 5 km von der Verbindungsstraße Castra Regina (Regensburg) – Augusta Vindelicum (Augsburg), die Bauarbeiten am Bad, für die höchstwahrscheinlich Soldaten des nur wenige Kilometer entfernten Auxiliar-Kastells Abusina bei Eining an der Donau eingesetzt wurden. Die waren dann auch die ersten Benutzer, aber richtigen Aufschwung bekam der Kurbetrieb erst um das Jahr 180, als nach den Angriffen der Markomannen die III. Italische Legion im nur 35 Kilometer entfernten Regensburg stationiert wurde. Bevor die dortige Großkaserne fertig war, wurde ein Teil dieser 6000 Mann sogar in einem provisorischen Kastell nur 1 km von Abusina und somit auch ganz nahe beim Thermalbad Gögging untergebracht. Der Aufschwung durch die italischen Legionäre läßt sich zeitlich an Erweiterungsbauten für das Bad deutlich ablesen. Da in unmittelbarer Nähe damals keine größere Ansiedlung bestand, war das Warmbad im heutigen Gögging offenbar eine jener vom römischen Staat betriebenen zentralen Kuranlagen, wie es sie auch in anderen Provinzen gab, z. B. Aquae Mattiacae (Wiesbaden) oder Aquae Granni (Aachen). Gögging könnte möglicherweise

Kein echter Legionär – er sieht nur genauso aus wie seinerzeit die alten Römersleut', die in Bad Gögging an der Donau ihr Zipperlein durch warme Bäder zu kurieren suchten. Damals war Gögging ein Militärbad für die in Regensburg stationierte III. Italische Legion, aber auch für die Besatzung des nahen Auxiliarkastells Abusina (Eining).

sogar das größte Etablissement dieser Art in Germanien und Rätien gewesen sein. Außer dem beheizbaren „Swimming-Pool" gab es hier noch Wannenbäder für warmes und kaltes Wasser sowie ein Schwitzbad. Etwa ab dem Jahr 400 wurden die Badeanlagen aufgegeben und verfielen – allmählich gab's an der Donau ja auch nicht mehr viel Kundschaft für ein Regimentsbad. Die warmen Quellen blieben freilich und wurden weiter genutzt, auch bairische Herzöge und Bürger aus Landshut und Straubing kamen hierher zur Badekur. Selbst nach dem Landshuter Erbfolgekrieg, als man den Ort niederbrannte und die Quellen unbrauchbar machen wollte, gab es noch kein Ende. Lediglich die Trajansquelle war danach lange Zeit nicht mehr für Bäder zu nutzen, bevor sie – erst 1913 – wieder zu diesem Zweck erschlossen wurde. Die Römerquelle aber blieb nicht nur fürs Trinkwasser, sondern auch als Bad in Betrieb. Erst in unserem Jahrhundert brachten Ausgrabungen unter der inzwischen profanierten St.-Andreas-Kirche (Urpfarrei seit 1133) das große Zentralbecken für Warmbäder wieder zum Vorschein. Dieser rein romanische Kirchenbau wäre allerdings auch ohne römische Relikte im Untergrund allein schon wegen seinem reliefgeschmückten Portal sehenswert: Manche Experten bewerten es als „ein Kunstwerk, wie es diesseits der Alpen nicht wieder vorkommt". Die Kirche mit den Ausgrabungen kann nur in Führungen besichtigt werden: März bis Oktober jeweils Di., Do. und Sa. 14.00–15.00 Uhr, So. 10.30–11.30 Uhr, in den übrigen Monaten nur am So. 10.30–11.30 Uhr. Ansonsten nur nach Voranmeldung, Tel. (0 94 45) 80 66. Wer schon mal hier ist, der wird sicher wohl auch die Ausgrabungen des nahen Kastells Abusina besuchen. Es handelte sich um einen mittelgroßen Standort für Auxiliartruppen, laut Bauinschrift unter dem Procurator C. Saturius, also in der Zeit um 80 n.Chr. erstmals errichtet. Diese 125 x 147 Meter große Anlage mit Steinmauer und den meist üblichen vier Toren wurde dreimal bei Germaneneinfällen stark beschädigt oder zerstört – und nach dem dritten Mal nicht mehr aufgebaut. Heute wird Abusina (der Name kommt vom Fluß Abens) manchmal als das am vollständigsten ausgegrabene und bestens konservierte Kastell am rätischen Limes bezeichnet – und zugleich als das mit der längsten lückenlos nachweisbaren Geschichte vom Anfang bis zum bitteren Ende. Zunächst war es – wie in den meisten Fällen – nur ein Holz-Erde-Kastell mit Graben. Wahrscheinlich unter Kaiser Trajan hat man es dann in Stein ausgebaut und mit gleich zwei Gräben gesichert. Geholfen hat's wenig, denn schon in den Markomannenkriegen wurde Abusina mindestens stark ramponiert. Und nach dem Desaster der Jahre 259/260 n. Chr., als der Limes nicht mehr zu halten war und die Grenze an die Donau zurückgenommen wurde, da hat man auch das Kastell Abusina zwar nicht wie die benachbarten Anlagen in Pförring und Kösching ganz aufgegeben, aber doch stark reduziert. Statt der vorherigen Größe wurde in der Südwestecke ein viel kleineres, aber stark bewehrtes und nachträglich nochmal mit Vorbauten versehenes Mini-Kastell eingebaut. Der Vicus, also das Lagerdorf, zog damals von außerhalb zwischen die früheren Mauern um. So existierte dieser Stützpunkt, in dem zuletzt noch die III. Britannische Kohorte stationiert war, bis ins fünfte Jahrhundert. Er wurde endgültig aufgegeben, als man die römischen Truppen von Rhein und Donau abzog und nach Süden schickte, um dort gegen in Italien eingedrungene Germanenstämme zu kämpfen. Vielleicht war das nur als vorübergehender Nothilfe-Einsatz geplant – aber danach kam nie wieder eine römische Truppe hierher zurück. Wiederentdeckt wurde Abusina relativ früh: Schon der bairische Historio- und Geograph Aventinus kannte es im 15. Jahrhundert als „Burgstall", und der entdeckte damals auch in den Mauern des spätrömischen Kleinkastells einen Kaiseraltar vom Jahr 211 n. Chr. Durch die vielen An-, Um- und Ausbauten im Lauf von Jahrhunderten ist Abusina für den unvorbereiteten Besucher heute ein bißchen verwirrend – aber man kann sich's „vor Ort" ja erklären lassen. Wobei es fast ein Glücksfall ist, daß es da überhaupt noch was zu zeigen und zu erklären gibt. Es wäre ebenso denkbar, daß von diesen römischen Ruinen im Zweiten Weltkrieg nur mehr Mauerbrösel übriggeblieben wären – hatte doch die Wehrmacht des Dritten Reichs die Schnapsidee, das Römerkastell zu einer Flak-Stellung auszubauen. Man kann sich leicht vorstellen, was die gezielte Bombenladung eines amerikanischen Jabo-Geschwaders hier angerichtet hätte. Führungen sind im Kastell jederzeit möglich (Tel. Voranmeldung (0 94 45) 15 03 bei Frau Ecker). Am Eingang findet man aber auch eine Klingel für unangemeldete Besucher. Ganz in der Nähe und ebenfalls noch sehenswert: Der Beginn oder bzw. Endpunkt des Limes in Hienheim am andern Ufer der Donau, ca. 5 km von Bad Gögging. Dort steht neben den spärlichen Resten des Grenzwalls bei der Ortschaft Haderfleck die Hadrians-Säule; sie erinnert an jenen Kaiser, der den Limes zunächst als Palisadenzaun vollends schließen ließ. Unweit davon wurde ein hölzerner Wachtturm so rekonstruiert, wie er in der ersten oder zweiten Bauphase des Grenzwalls

ausgesehen haben dürfte. Und wieder nur 120 Meter
weiter, westlich der Straße Hienheim-Kelheim liegt ein
Steinhügel: Überrest des gemauerten Wachtturms
No. 2.

Zwischen Donau und Füssen
Die Nord-Süd-Achse
der Besatzer

Sowas wie eine sechsspurige Autobahn war sie freilich nicht, jene Schnellstraße Via Claudia Augusta, die
Italien (von Altinum bei Venedig über Trient und den
Fernpaß) mit der rätischen Provinzhauptstadt Augusta
Vindelicum (Augsburg) verband und dann noch ein
Stückchen nach Norden weiterlief, bis sie an einem Kastell bei Mertingen kurz vor der Donau endete. Diese
350 römische Meilen (= 518 km) lange Nord-Süd-Di-
rettissima wurde nämlich – abgesehen von manchen
Teilstrecken im italienischen Flachland – nur 5 Meter
breit und einspurig mit Ausweichen angelegt. Für den
damaligen Verkehr dürfte das im Normalfall mehr als
reichlich gewesen sein. Jedenfalls findet man nirgendwo
in alten Chroniken irgendwelche Hinweise auf permanente Staus und dadurch bedingte Wartezeiten. Wie die
meisten Fernstraßen des Imperiums war auch diese (unter Kaiser Claudius, 41–5 n. Chr. erstaunlich schnell
fertig und dennoch so solide gebaut, daß man sie auf
kurzen Abschnitten sogar heute noch mit einem voll-
besetzten Bus befahren kann. Das hat Dr. Hermann

J. Volkmann von der Uni Augsburg – *der* Spezialist für die Via Claudia nördlich der Alpen – bei seinen Exkursionen schon mehrfach praktiziert – sehr langsam zwar und etwas holpernd, aber immerhin. Auf der Strecke von Augsburg nach Füssen ist die „Claudia" auf zwei Dritteln (68 km) noch erhalten und auf 63 km davon – wenn auch immer nur stückweise – mit dem Auto befahrbar. Die meisten Römer – vor allem die Soldaten der Infanterie – wurden seinerzeit ohnehin nicht in Mannschaftstransportwagen oder gar in den recht bequemen römischen Reisekutschen befördert. Die mußten schwer mit Ausrüstung und Proviant beladen alles per pedes latschen, wobei man je nach Gelände und Kondition 25 bis 35 km am Tag schaffte. Soldaten waren das gewohnt, die machten sowas sogar in fünf bis sechs Stunden, falls gegen Abend noch genügend Zeit bleiben mußte, um irgendwo

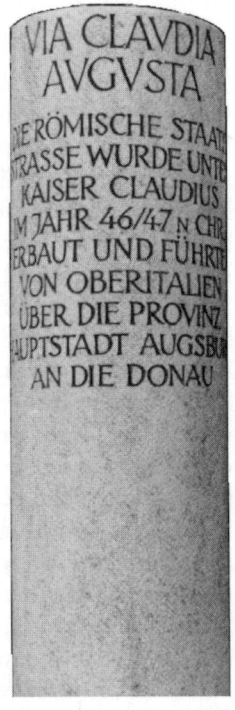

In Augsburg und an vielen anderen Punkten zwischen Donau und Füssen wurde in den letzten Jahren die Via Claudia durch Gedenksteine markiert, die römischen Meilensteinen nachempfunden sind. Dieser hier steht in Augsburg nur wenige Meter neben dem Römischen Museum.

ein Übernachtungslager anzulegen. In einer schnellen Birota, einem einachsigen Reisewagen, kam man auf der Via Claudia immerhin bis zu 80 km pro Tag voran. Die gewöhnliche Post, der cursus publicus, brachte es auf nur 40 bis 45 km pro Tag, die Eilkuriere des Kaisers, Poststafettenreiter also, preschten täglich 200 km und noch mehr über die Strecke – für damals ein vergleichsweise ebenso tolles Tempo wie heute beim ICE der Bundesbahn oder dem französischen TGV. Da wundert's einen nicht, daß es den Herrschern in Rom durchaus möglich war, sich immer wieder mal eine Portion frischen Feldsalat aus Rätien kommen zu lassen, ohne daß der auf dem Transport total verwelkte. Das war freilich nur ein angenehmer Nebenzweck des hervorragenden Fernstraßennetzes – in erster Linie brauchte man die meist schnurgeraden Schnellpisten, um notfalls rasch Verstärkung herbeischaffen zu können, denn an der Limesgrenze waren normalerweise nur relativ geringe Truppenkontingente stationiert. Freilich erwies sich nicht nur einmal, daß auch der Feind die schnellen römischen Trassen zu nutzen wußte, um blitzschnell in Italien einzumarschieren, wenn sich die Römer gerade wieder mal einen Bürgerkrieg oder den Militärputsch eines Gegenkaisers leisteten. Schon zu römischen Zeiten hatte die Via Claudia über den Fern- und Reschenpaß durch den Ausbau der noch schnelleren und vor allem bequemer zu befahrenden Brenner-Strecke etwas an Bedeutung verloren. Trotzdem: Auch im Mittelalter und bis in die Neuzeit diente sie als Handelsweg zu deutschen Kaufmannsniederlassungen in Italien, vor allem in Venedig. Damals nannte man den Fernhandelsweg einfach nur noch die Straß' (manchmal auch „Rod" – wie die englische road?), und zwar

war die obere Straß' der Ast von Füssen (Foetibus) weiter über den Fernpaß nach Meran und Bozen und über Trient und Treviso zum Endpunkt Altino bei Venedig. Dies war in der Antike – als die Stadt noch Altinum hieß – ein sehr wichtiger Hafen in der Lagune – heute ist das Kaff so winzig, daß man es selbst auf einer genauen Regionalkarte nur mühsam findet. Die untere Straß' dagegen – die später wichtigere Spange – war die von Augsburg über Schongau, Partenkirchen (Parthanum), Scharnitz und Zirl nach Innsbruck und zum Brenner, von wo es dann ebenfalls nach Bozen weiterging. Festungsruinen bei Scharnitz, die zwar erst aus der Zeit des Dreißigjährigen Kriegs stammen, tragen bezeichnenderweise den Namen Porta Claudia. Das könnte sich allerdings nicht bloß auf den Kaiser Claudius und seine Straße beziehen, sondern vielleicht auch auf eine Erzherzogin Claudia, die Herrin von Tirol (1604-1648). Als über Venedig, „das Tor zum Orient", nach der Entdeckung Amerikas nicht mehr viel lief, da verfiel die Römerstraße, wurde überbaut und untergepflügt und nur noch bruchstückweise als Ortsverbindungssträßchen oder gar nur als Feldweg benutzt. Aber das soll wieder anders werden. Augsburgs 2000-Jahr-Feier war 1985 letzter Auslöser für die Gründung eines internationalen Arbeitskreises (zusammen mit Österreich und Italien). Dessen Ziele: Die Reste der Römerstraße vor weiteren Zerstörungen zu bewahren und sie dort, wo sie umgeackert und zugewachsen ist, möglichst wieder offenzulegen und zu kennzeichnen. Bei Füssen wird das kaum mehr möglich sein, denn dort wurde die noch gut sichtbare Trasse erst in der zweiten Hälfte des 20. Jahrhunderts unterbrochen, als man den Forggensee aufstaute. Seitdem verläuft dort die „Claudia" ein Stück weit unter Wasser. Wo sie jedoch noch oberirdisch aufzuspüren ist, da plant man langfristig, daraus einen Fernwanderweg zu machen – sozusagen als antike Ergänzung zur Touristikroute „Romantische Straße". Hübscher Gedanke: Daß eines Tages Rucksacktouristen auf jener Trasse gen Süden wandern (oder auch vice versa), auf der einst römische Legionen mit ihren eisengenagelten Sandalen übers Pflaster marschierten. Immerhin schon mal sportlich ausprobiert hatte dies in Augsburgs Jubiläumsjahr 1985 ein Arzt, der zusammen mit Sportlern aus fünf Augsburger Vereinen die gesamte Länge der Via Claudia im Trimmtrab ablief. Die 25 Staffelläufer brauchten dafür nur 57 Stunden, also wenig mehr als zweieinviertel Tage – weit weniger als einst die Legionäre, die auf der gleichen Strecke 11 Tage unterwegs waren – allerdings eben mit schwerstem Gepäck und ohne Stabwechsel. Mit neuen Meilensteinen in alter Machart wurde der Verlauf der Straße zwischen der Donau und Füssen bereits an vielen Punkten markiert – darunter auch in Augsburg, direkt neben dem Römischen Museum – obwohl die genaue Trasse in dieser Stadt bislang noch nicht völlig zweifelsfrei nachgewiesen werden konnte. Aber schon wenige Kilometer weiter draußen, in Königsbrunn beim Gasthof „Neuhaus" beginnt – an einem ebensolchen Meilenstein – ein 9 km langer Abschnitt der originalen Via Claudia, der auf 7 km noch befahrbar ist. Und von da bis Füssen kann man immer wieder mal eine Strecke den Spuren der Legionen nachspazieren oder sogar ein Stückchen weit fahren. Mit etwas Pfadfinder-Spürsinn könnte man das alles bei Königsbrunn, bei Epfach (in der Nähe von Landsberg) und Füssen selber entdecken.

Aber wer auf Nummer Sicher gehen und auch ausführliche Informationen nachlesen möchte, dem sei empfohlen, sich zuvor von der Uni Augsburg das 95 Seiten starke Heft „Materialien 5: Exkursionsführer Via Claudia Augsburg-Füssen" von Dr. H. J. Volkmann schicken zu lassen (Preis DM 10.–). Die Adresse: Lehrstuhl f. Didaktik der Geographie, Universitätsstraße 10, 86159 Augsburg.

Selbstverständlich war die Via Claudia nicht die einzige große Fernstraße in Rätien und den anderen Provinzen nördlich der Alpen. An einer anderen, nämlich der Querverbindung Via Decia von Bregenz (Brigantium) nach Tirol (Teriolis) findet man seit einigen Jahren ebenfalls einen Gedächtnis-Meilenstein, und zwar am höchsten Punkt der Paßstraße zwischen Oberjoch im Allgäu und der bayrisch-österreichischen Landesgrenze. Im Mittelalter war das ein Abschnitt von einem der vielen Jakobs-Pilgerwege nach Santiago de Compostela und auch eine Salzhandelsstraße. Angelegt haben sie in den Jahren 249 bis 251 n.Ch. aber schon die Römer, und daß die nicht davor zurückscheuten, auch hoch hinauf zu bauen, zeigt diese Tatsache: Noch heute ist die Paßhöhe der Decia mit 1176 Metern über Normalnull der höchste Punkt im deutschen Bundesstraßennetz.

Seebruck am Chiemsee
Das Römerkastell
unterm Kirchturm

Bedaium – so sonderbar kann doch ein Ort am „Bayerischen Meer" gar nicht heißen? Heute freilich nicht mehr – aber zur Römerzeit lautete so der Name von Seebruck. Damals stand dort ein massiges Kastell, das den Übergang der Fernstraße von Augusta Vindelicum (Augsburg) nach Iuvavum (Salzburg) über die Alz sichern sollte. Schon auf der Tabula Peutingeriana, einer spätantiken Landkarte, ist zwischen Iuvavum (Salzburg) und Pons Aeni (Pfaffenhofen bei Rosenheim) am Chiemsee der Ort Bedaio eingetragen. Bereits 1807 hatte man in der Umgebung von Seebruck in Kirchenwände eingemauerte Spoliensteine entdeckt, bei denen es sich um Altarplatten für einen Gott gleichen Namens handelte. Auf der einen wurde er Bedaius Augustus (= der Erhabene) genannt, auf der zweiten gar Bedaius Sanctus (= der Heilige). Der Name stammt von einer lokalen Gottheit der schon lange vor den Römern hier ansässigen Kelten. Praktisch und tolerant, wie sich die Römer in solchen Dingen meist zeigten, übernahmen sie diesen fremden Heiligen Bedaius kurzerhand auch gleich als Namenspatron ihres Ortes. Von all dem wußte man lange Zeit nur noch wenig, bis vor gut 150 Jahren statt dem baufälligen Kirchturm in Seebruck ein neuer errichtet werden sollte. Als der schon 23 m hoch aufgemauert war, da neigte er sich plötzlich stark. Als Ursache für die Einsturzgefahr ergründete man unter der einen Seite des Fundaments eine römische Mauer, die der Polier abzutragen übersehen hatte. Heute steht wenige Meter neben dieser Stelle mitten im Ort eines der schönsten prähistorischen Museen in Bayern (eine „Filiale" der Staatssammlungen in München), im umgebauten alten Mesnerhof erst vor wenigen Jahren eröffnet. Daß man hier so viele Exponate hatte, war zum Teil auch dem „Scherben-Kare" zu verdanken: So wird der Photograph und Heimatpfleger Carl Ostermayer liebevoll derbleckt, der seit vielen Jahren als Amateur-

Eines der vielen kleineren, aber feinen Ausstellungsstücke im Römermuseum Bedaium: Die nur etwa 12 x 12 cm große Scherbe von einem Terra-sigillata-Gefäß, das aus Südgallien an den Fundort Seebruck gekommen war. Das linke Figürchen ist der Handels- und Verkehrsgott Merkur, das rechte zeigt die Göttin der Jagd Diana mit einem Beutetier.

Archäologe ehrenamtlicher Mitarbeiter des Landes-
amts für Denkmalpflege ist. Er war es auch, der 1972
im Ortsteil Graben den Römerfriedhof mit 300 Gräbern entdeckte, was die letzten Beweise für die Identität von Seebruck mit dem antiken Ort Bedaium
brachte. Man glaubt mittlerweile zu wissen, daß dieser
Ort mit seinem Kastell nicht nur den Straßenübergang
über die Alz an ihrer Einmündung in den Chiemsee
schützen sollte, sondern daß da auch ein Straßenkno-
tenpunkt gewesen sein muß. Ableiten läßt sich dies aus
der Tatsache, daß die beiden Bedaius-Altarplatten von
je einem Benefiziarier dem regionalen Gott geweiht
worden waren. Das heißt also: Von Verwaltungs- und
Aufsichtsbeamten, die für die Straßen zuständig und
immer nur an einem Knotenpunkt stationiert waren.

Der „Scherben-Kare" wurde mit seiner Hart-
näckigkeit manchmal sogar da noch fündig, wo amtli-
che Experten bereits die Grabung aufgegeben hatten
oder gar nicht erst anfangen wollten. Sein Standard-
sprücherl: „Was nützen mir Ausgrabungen im Ausland,
wenn die Schätze vor der eigenen Haustür noch nicht
erforscht sind." Er war es, der 1979 den Bedaium-Ver-
ein gründete, durch den es schließlich zum Römermuseum kam. Vieles von dem, was hier in Vitrinen ausgestellt ist, hat der „Scherben-Kare" eigenhändig aus dem
Boden gescharrt. Die jüngsten Neuzugänge im Museum: Das Skelett eines jungen Römers mit weit aufge-
rissenem Mund – Ostermayer hat ihn als „Kiebitz" bei
Ausschachtungsarbeiten für einen Bau gefunden. Und
dann als große Rarität zwei Holzfässer aus dem zweiten Jahrhundert, in denen man Lebensmittelvorräte
aufbewahrte. Man fand sie, als Archäologen eine Darre
freilegten, auf der einst Fische und Fleisch getrocknet

bzw. geräuchert wurden. Die 1 Meter 35 hohen Fässer aus Tanne und Eiche hatten fast 1600 Jahre in dem feuchten Untergrund überdauert, wurden dann lange Zeit restauriert und konserviert und stehen nun im See-brucker Museum – als einzige komplette Exemplare in ganz Bayern, denn es gibt sonst nur noch je ein Bruch-stück von so einem Vorratsbehälter in Regensburg und in Kempten. Einige größere Fundsteine (Spolien) lie-gen vor dem Eingang zum Museum, dessen steinerner Torbogen einst eine römische Villa in dieser Gegend geziert hatte. Und neben der Kirche ist ein neun Meter langes Stück der Kastellmauer freigelegt. Die Funda-mente der Darre mit Fußbodenheizung sind 100 Meter weiter unter einem Dach noch im Original zu sehen. Vermutlich wurden da vor allem wohl Chiemsee-Ren-ken geräuchert. Und vielleicht hat man hier auch die berühmte römische Würzsoße Garum aus Fischsud und Wein hergestellt? Das Rezept dafür aus dem Koch-buch des Apicius ist jedenfalls an der Darre nachzule-sen. Schade, daß die römische Taverna im Museum kaum derlei römische Schmankerl bietet – wohl aber eine gewisse braune Limonade, die wir einer viel spä-teren Besatzungsmacht des 20. Jahrhunderts verdan-ken.

Wenige Kilometer weiter, in Grabenstätt, gibt es in der Traunsteiner Straße 1 (über der Hofmark-Apo-theke) ein privates Römermuseum, das Funde aus an-tiken Gutshöfen im Ortsbereich und aus der Umge-bung zeigt. Vor allem sieht man hier etliche Mosaik-böden, auf die Anfang vorigen Jahrhunderts als erster ein Pfarrherr aufmerksam wurde. Der wunderte sich über den Flurnamen „Mauergründe" und kam drauf, daß die Bauern dort immer Mauersteine für ihre Bau-

vorhaben aus dem Boden wühlten. Eine besondere
Kostbarkeit dieser Sammlung ist aber auch eine vollständig und unversehrt erhaltene bronzene Schrifttafel
aus Grabenstätt-Geiselprechting, ein sogenanntes Mi-
litärdiplom für ehrenhaft nach 25 Jahren Dienstzeit ent-
lassene und dann als Hofbesitzer angesiedelte Berufs-
soldaten auf Zeit. Es stammt aus dem Jahr 64 n. Chr.
und wird als ältestes noch ganz erhaltenes Schriftdenk-
mal in Bayern bezeichnet. Das Museum in Seebruck hat
folgende Öffnungszeiten: Di. mit Sa. 10.00-12.00 und
15.00-17.00 Uhr, So. 15.00-17.00 Uhr. Das private Römermuseum Multerer in Grabenstätt kann dagegen nur
in einer etwa einstündigen Führung besichtigt werden,
und zwar jeweils am Sa. um 10.00 Uhr, Gruppen auch
zu anderen Zeiten nach Vereinbarung. Telefon (0 86 61)
2 42.

Kempten/Allgäu
Mediterrane Stadt an der Iller

„Römerscherben" suchen, sammeln und täuscheln
– das war Ende der dreißiger Jahre für eine Horde
Vorstadtbuben in Kemptens Ostbahnhofviertel ein besonders beliebter Freizeitvertreib. Und zu den tollsten
Erlebnissen zählte es, wenn man ein paar Bruchstücke
von Terra-sigillata-Gefäßen beisammen hatte, die
tatsächlich nahtlos aneinanderpaßten und ein Dekor ergaben. Ich weiß das sehr genau, denn ich war damals
selber einer von dieser Römerscherben-Blas'n. Zu un-
seren „Raubgrabungen" in der fast 2000jährigen Ver-

gangenheit hatten es wir Ostbahnhof-Buben nur ein paar Schritte weit: Auf dem Lindenberg, hoch über der Iller, lagen damals freigelegte Grundmauern der Römerstadt Cambodunum offen zutage – ohne Zaun, unbewacht. Vielleicht hatten ja auch die Machthaber des Dritten Reiches kein allzugroßes Interesse, hier was voranzutreiben – ihrem nordischen Übermenschenfimmel war's möglicherweise nicht mal sonderlich erwünscht, eine antike Römerstadt aufzudecken. Hätte das doch bewiesen, was man allerdings eh wußte: Daß die Vorfahren der italienischen Bundesgenossen und ihres nicht ganz für voll genommenen Duce Mussolini – daß die einst das weit bedeutendere Kulturvolk ge-

So stellten sich die Zeichner vor Jahren den Rekonstruktionsversuch des gallorömischen Tempelbezirks in Kempten vor – und ziemlich genau so wurde diese besondere Attraktion des Archäologie-Parks Cambodunum auch ausgeführt.

wesen waren. Schon 1936/37 plante man ungerührt, auf diesem Gelände am rechten Hochufer der Iller ein Offiziersheim zu bauen. Der Vor- und Frühgeschichts-Pfleger Ludwig Ohlenroth konnte das gerade noch verhindern, indem er 1937 flugs den gallorömischen Tempelbezirk aufdeckte – und sich an sowas zu vergreifen, wagten damals wohl selbst die großdeutsche Wehrmacht und die eifrigsten Nazis (noch) nicht. 1944 jedoch richtete man dennoch zwischen den freigelegten Mauerresten bedenkenlos zwei Flakstellungen ein – wie auch im Kastell Eining (Abusina) an der Donau.

Die Ruinenstadt auf dem Kemptener Lindenberg war ein Glücksfall für die Archäologen, wie er nur selten vorkommt: Im Gegensatz zu vielen anderen Orten bauten die Germanen ihre eigene Ansiedlung nicht hier oben auf und aus den Ruinen, sondern weit daneben am anderen Ufer der Iller. Dahin hatten sich schließlich auch schon die letzten Römer in ein kleines Kastell auf dem später Burghalde genannten Hügel zurückgezogen. Man hätte also die Chance gehabt, eine ganze Stadt komplett freizulegen – aber bald nach dem Zweiten Weltkrieg wurde das Gelände teilweise mit Wohnblöcken überbaut, eine Barbarei, die aus heutiger Sicht kaum mehr zu begreifen ist. Dennoch: Die antike Stadt nach mediterranem Vorbild, die hier ausgegraben und in einem großen archäologischen Park zugänglich gemacht wird, ist auch so noch groß und interessant genug. Und mittlerweile hat man ja längst erkannt, was für Schätze hier noch im Boden liegen. Seit 1982 leistet sich die Allgäu-Metropole – als zweite Stadt neben dem weit größeren Augsburg – einen sehr rührigen Stadtarchäologen. Zur Geschichte: Bereits der griechische Geograph Strabo erwähnt in einer seiner Schriften um das Jahr 20 n. Chr. eine angeblich keltische Siedlung, die er Kambodounon nannte. Er bezeichnete sie ausdrücklich als polis (also Stadt) und zentralen Ort des vindelikischen Stammes der Estionen, und das wäre die erste schriftliche Erwähnung einer Stadt auf deutschem Boden – so es sie tatsächlich gegeben hat. Gefunden wurde davon bis jetzt nämlich nichts. Und so könnte man auch nach der Jahreszahl der Veröffentlichung vermuten, daß Strabo damals halt doch schon die römische Gründung gemeint hat, der man lediglich einen aus dem Keltischen übernommenen Namen gab – eben in Latein nun Cambodunum statt Kambodounon. Was man im Gegensatz zu fast allen anderen Römergründungen hier – mindestens bis jetzt noch – nicht entdeckt hat: Zwar Ausrüstungsgegenstände von Soldaten, aber kein Kastell. Vielleicht gab's auch gar keine Befestigungen, weil Cambodunum so weit im Hinterland lag, daß man feindliche Einfälle lange Zeit nicht zu befürchten brauchte. Und im 3. Jahrhundert hätte dann wohl auch eine Mauer die Stadt nicht mehr vor den Verheerungen der Alamanneneinfälle schützen können. Vom ursprünglichen Cambodunum ist heute ohnehin fast nichts mehr aufzufinden, denn dessen Bauten bestanden zunächst ausschließlich aus Holz – aber das nicht lange, denn bereits in den Bürgerkriegswirren um die Nachfolge des Kaisers Nero leisteten sich die Römer den Luxus, erst vor wenigen Jahrzehnten angelegte Siedlungen wie diese an der Iller selber zu zerstören. Der Wiederaufbau kam dann prompt danach, aber nun stellte man hauptsächlich Steinbauten hin und teilte die Stadt so ein, wie sie seit 1885 nach und nach wieder ausgegraben wurde: Das Zentrum war durch rechtwinklig sich kreuzende Straßen in zehn Häuserblöcke (insulae)

unterteilt. Auf der Straßenseite lief vor diesen Wohn-
blocks der Gehsteig mit der Überdachung vom Haus
bis zu einer Säulenreihe (Porticus) am Straßenrand. Damit und auch mit seinem Forum und den Verwal-
tungsbauten drumherum erinnert Cambodunum stark
an römische Provinzstädte in Italien – z. B. Pompeji
und Herculaneum bei Neapel oder Ostia bei Rom.
Typisch für den Stadtplan ist auch das Achsenkreuz aus
zwei geraden Straßen, die man als decumanus und cardo
bezeichnete. Diese Viertel-Rasterung erinnert an den
Standardplan sämtlicher römischer Kastelle, er findet
sich aber auch in einigen anderen Städten wie z. B. in
Trier (Augusta Treverorum), Köln (Colonia Claudia
ara Agrippinensium) oder in Italien Lucca (Luca) und
Rimini (Ariminum). Am großen Forum stand eine Ge-
richtshalle (basilica), ein Archivbau der Verwaltung, ein
Versammlungsraum des Gemeinderats (ordo decurio-
num) und an der vierten Seite der Forumtempel, der
wahrscheinlich der Göttertriade Jupiter, Juno und Mi-
nerva geweiht war. Neben dem Forum liegt das sogenannte Unterkunftshaus (mansio), mit vielen kleinen
„Hotel"-Zimmern. Die sind aber offensichtlich erst
später unterteilt worden, man vermutet deshalb, daß
dieses riesige Gebäude mit seinem weiträumigen Hof
zuvor der Dienst- und Wohnsitz eines Statthalters war.
Wenn hier schon nicht der Alleröberste für die ganze
Provinz residiert haben sollte (bevor man Augsburg als
Verwaltungsmittelpunkt auserwählte), so doch wenigstens einer für die Region um die heutige Allgäu-Metropole. Außerdem wurden bisher geortet und aufgedeckt: Große und kleine Thermen und der gallorömi-
sche Tempelbezirk, dagegen merkwürdigerweise kein
Theater. Aber vielleicht ist das schon in der Spätantike

mal runtergekippt, als die Iller bei Hochwasser einen Teil des Lindenberghangs zum Abrutschen brachte.

Dann aber hat Cambodunum noch eine große Besonderheit aufzuweisen: Den großen Heiligen Bezirk. Das ist ein einst ummauertes Areal, das fast so groß war wie das ganze Zentrum der Stadt: Knapp 240 Meter lang und fast 180 Meter breit. Mittendrin stand ein großer Altar – und sonst nichts. Nach neueren Erkenntnissen handelte es sich hier um einen Versammlungsplatz für den Provinziallandtag. Solche Zusammenkünfte von Delegierten (concilia) gab es nach griechischem Vorbild auch in westlichen Gegenden des Imperium Romanum. Die Einrichtung bezweckte zweierlei: Einmal war sie ein Ergebenheits- und Verehrungsakt für den jeweiligen Herrscher. Und andererseits sollten die Abgeordneten (legati) der Stämme bei solchen Zusammenkünften auch „Dampf" ablassen können und neben konstruktiven Vorschlägen Kritik äußern. Das konnte sich möglicherweise sogar gegen den Statthalter richten, wenn der nicht guttat, denn auch über den durfte sich die Versammlung beschweren, und zwar direkt beim Kaiser. Kemptens Stadtarchäologe Gerhard Weber schließt allerdings auch eine andere Deutung des Heiligen Bezirks nicht aus: Es könne durchaus sein, meint er, daß die Landtage in unserem Gebiet auf keltische Traditionen zurückgingen. Weber verweist auf die nemeta, im Volksmund Keltenschanzen genannt, von denen es in Bayern noch an die hundertfünfzig gibt. Bis vor kurzem wurden sie ausschließlich als keltische Kultstätten gedeutet, was aber durch neue Untersuchungen in Württemberg doch wieder in Frage steht. Weber vermutet, diese ja auch ziemlich großen Schanzen könnten den Grundtyp eines Versammlungsplatzes darstellen, wie er in Cambodunum aufgefunden wurde.

Lange Zeit wurden in Kempten die Ausgrabungen eher „mit links" betrieben und das Vorgefundene nicht übermäßig geschätzt. Das hat sich allerdings in letzter Zeit stark geändert. Heute besitzt man auf dem Lindenberg nicht nur ein paar Ausgrabungen, sondern man spricht zu Recht von einem archäologischen Park. Das heißt: Man legt nicht nur Grundmauern frei, sondern will dem Besucher durch Teilrekonstruktionen auch mal dreidimensional und im kompletten Zustand zeigen, wie denn so eine antike Stadt ausgesehen hat. Bislang wurde der galloromanische Tempelbezirk nicht nur freigelegt, sondern ein Teil seiner Gebäude auf den originalen Grundmauern wiederaufgebaut. Daß man hier neben den römischen Göttern auch die der Kelten gelten ließ, zeigen u. a. an dieser Stelle aufgefundene Weihesteine für die Pferdegöttin Epona. In einem zweiten Bauabschnitt ist man gerade dabei, die kleinen und großen Thermen im Originalzustand zugänglich zu machen. In einem dritten Teil wird danach das große Forum der Römerstadt mit den anliegenden Gebäuden erschlossen. Der Besucher kann aber auch jetzt schon frei fast auf dem gesamten Gelände umherwandern. Im galloromanischen Tempelbezirk findet man eine begleitende Ausstellung mit viel Information, man kann sich auch eine Tonbandkassetten-Führung ausleihen, und im Kassenpavillon werden neben Erfrischungen eine Auswahl archäologischer Schriften und Nachbildungen von Fundstücken aus Cambodunum verkauft. Öffnungszeiten: Täglich außer Mo. vom 1. Mai mit 31. Oktober 10.00-17.00 Uhr, in den übrigen Monaten nur 10.00-16.30, abgesehen von Januar und Februar – da ist überhaupt ganz zu. Auskünfte bei der Stadtarchäologie, Tel. (08 31) 7 26 78.

Straubing
Der Schatzfund in der Klärgrube

Das Straubinger Gäuboden-Museum: Klingt dieser Name nicht arg nach verstaubtem Depot für ein Sammelsurium liebenswerter Belanglosigkeiten aus der Lokalgeschichte? Und genau das war's auch mal. Aber längst hat sich dieses Haus – einst eher ein 08/15-Heimatmuseum – in seiner römischen Abteilung zu einer bemerkenswerten Dokumentation über Straubings antike Vergangenheit gemausert, seit 1950 beim Ausheben einer Klärgrube der berühmte „Schatzfund" ans Tageslicht kam: Eine Kollektion glänzender, goldschimmernder Paraderüstungen, Gesichtsmasken, Roßstirnen, Beinschienen und sonstiger Metallteile. Das alles steckte in einem großen Kupferkessel, den höchstwahrscheinlich germanische Plünderer auf dem Gelände eines Gutshofs vergraben hatten, um ihn später wieder abzuholen. Das könnten freilich auch Römer oder deren Hiwis vor der Flucht getan haben. Das keltoromanische Sorviodurum lag allerdings 2 km östlich vom jetzigen Straubinger Stadtzentrum, und wo ehedem das letzte Römerkastell war, da steht heute die uralte Kirche St. Peter mit ihrem berühmten Friedhof und der Sühnekapelle für die aus Staatsraison ermordete Agnes Bernauer. Daß Straubing eine antike Vergangenheit hatte, wußte bereits der bairische Geschichtsschreiber Aventin. Der notierte, an der Stelle der Azlburg sei einst die „Castra Augustana" gestanden. Aventin schrieb nur in Latein wie damals alle Ge-

Eine von den hellenistischen Gesichtsmasken aus Bronzeblech, die bei Paraden und Reiterturnieren getragen wurden – nicht als Schutz, sondern nur, um Eindruck zu schinden. Diese und andere – auch orientalische – Masken, außerdem prunkvolle Beinschienen, Roßstirnen und vieles andere gehört zum berühmten Straubinger Schatzfund, der im Gäuboden-Museum gezeigt wird.

bildeten. Als seine Annalen 1566 ins Deutsche übersetzt wurden, bezeichnete der Herausgeber Simon
Schard Straubing als eine „altrömische Reichsstadt"
und verweist auf den Grabstein eines Veteranen namens
Julius Primitivus (der hieß wirklich so!) als den ersten
einschlägigen Fund in Straubing. Danach dauerte es
dann gut zwei Jahrhunderte, bis sich wieder mal jemand
für die antike Vergangenheit interessierte. Damals berichtete der Richter und Ritter J. von Musinian, im Gar-
ten des Klosters Azlburg habe man ein Brandgrab gefunden – leider zertöpperte ein ahnungsloser Arbeiter
die Ton-Urne und zerstreute die Knochenreste. Auch
später ging man hier mit solchen Funden recht lieblos
um: Ein 1811 ausgeackerter Inschriftenstein wurde
knapp 20 Jahre später als Füllmaterial in das Widerla-
ger einer Donaubrücke verbaut – wer wundert sich da
noch über die Praktiken im Mittelalter? Einigermaßen
systematisch wurde das römische Sorviodurum erst ab
dem Ende des 19. Jahrhunderts erforscht, als ein paar
Gebildete hier einen historischen Verein gründeten. Bei
Ausgrabungen an den verschiedensten Stellen fand man
im Lauf der nächsten 80 Jahre nicht weniger als vier römische Kastelle. Vor allem aber stieß man erst vor wenigen Jahren beim Neubau des Krankenhauses auf einen bisher einmaligen Fund: Sieben Meter unterhalb
dem Niveau des Lagerdorfs fand man die Reste des römischen Donauhafens, einen immerhin noch 40 Meter
langen und 2,5 Meter breiten Kai aus Tuffstein und dazu
eine Vorrichtung zum Herausziehen der Schiffe – Skip-
per von heute bezeichnen sowas als Slip-Anlage. Leider ist von all dem „vor Ort" so gut wie nichts mehr zu
sehen. Die frühen Kastelle wurden bei den Markomannen-Einfällen zerstört, eines schon vorher nach

kurzer Zeit wieder aufgelassen. Als man die III. Italische Legion nach Regensburg verlegte, blieb das nur 30 km entfernte Sorviodurum aber doch noch ein wichtiger Stützpunkt. Man ließ durch die immerhin 1000 Mann starke I. Canathener-Kohorte das zerstörte Holzkastell nun in Stein wieder aufbauen, was aber auch nicht lange half: Nach den Markomannen kamen in der ersten Hälfte des dritten Jahrhunderts die Alamannen, und die machten das Kastell samt seiner Zivilsiedlung dem Erdboden gleich. Danach wurde hier von den Neusiedlern fleißig gebaut mit der Folge: Umfangreiche, gut konservierte und für den allgemeinen Besuch hergerichtete Ausgrabungen gibt's nicht bzw. schon wieder nicht mehr. Daß sich ein Besuch in Straubing dennoch lohnt, liegt an der informativen Schau im Museum und vor allem am Schatzfund, bei dessen Bergung es vor vierzig Jahren so ähnlich zuging wie im wilden Westen: Den Kupferkessel, zufällig ausgegraben auf dem Gelände eines einstigen römischen Gutshofs, traktierte man gleich nach dem Freilegen mit Spitzhacke und Blechschere, beim Herauszerren durch ein Loch des Behälters wurde der Inhalt teilweise beschädigt und auf dem Boden verstreut, und prompt sammelten sich gleich eine Menge neugieriger Zuschauer. Mit der Folge, daß etliche Stücke plötzlich verschwunden waren. Einige wurden in den nächsten Tagen von reumütigen Souvenirmardern wieder zurückgebracht, man vermutet aber, daß sich manches noch immer in illegalem Privatbesitz befindet. Einen großen Teil hatte der Bauunternehmer in einen Korb gepackt und zu sich mit heimgenommen, bis endlich die Experten am Schauplatz eintrafen. Die zweifellos schönsten Stücke des Schatzfunds und überhaupt der ganzen römischen Abteilung im Gäuboden-Museum sind vier hellenistische und drei orientalische Gesichtshelme aus dünnem, blankpoliertem Bronzeblech. Die wurden nicht wie die Visierhelme der alten Rittersleut' als Schutz im Kampf getragen, sondern von Offizieren bei Paraden an Festtagen sowie bei Reiterturnieren als glänzende und schimmernde Masken, die Kopf und Mann nicht nur prächtig, sondern auch noch wuchtiger erscheinen ließen. Zu dieser imponierenden Schau-Stellung von Macht und Glanz gehörten auch reichverzierte Beinschienen und die ebenso dekorierten Roßstirnen für die Pferde. Daß einige der Gesichtshelme orientalische Züge aufweisen, kommt nicht von ungefähr: In der Kaiserzeit wurden Einheiten des römischen Berufsheeres oft weit weg vom Heimatland und manchmal fast am entgegengesetzten Ende des Imperiums eingesetzt. So war in Straubing lange auch eine Canathener-Kohorte stationiert (Bogenschützen aus Syrien), zeitweise aber auch eine Reitertruppe aus England, die später nach Pannonien auf dem Balkan abkommandiert wurde. Wem die Gesichtshelme besonders gut gefallen: Man kann in Straubing bei einem Goldschmied in der Rosengasse 32 kleine Repliken aus vergoldetem Silber als Schmuckanhänger kaufen. Es gibt sie aber auch in teurem Feingold und mit Brillanten, wofür man dann aber schon sehr viel tiefer in die Tasche greifen muß, als man es bei einem spontanen Souvenirkauf gerade noch täte. Das Gäuboden-Museum hat zu folgenden Zeiten geöffnet: Täglich außer Mo. 10.00-16.00 Uhr.

Bei Kipfenberg/Altmühltal
Per pedes längs dem Limes

Statt sich Scharmützel zu liefern, hocken trutzige Germanenhorden und römische Auxiliar-Soldaten gemütlich miteinander beim Bier. Und wenn sie fröhlich „Prost!" sagen, dann mochte dieser Trinkspruch zwar den Römern einst vertraut gewesen sein, die einander in diesem Fall ja „prosit!" wünschten – also etwa „zum Wohle". Den Germanen hingegen wird dieses Wort weniger geläufig gewesen sein (vielleicht sagten die damals sowas ähnliches wie heute die Skandinavier: „Skal"). Und was das friedliche Pokulieren betrifft, so dürfte das alljährlich Mitte August abgehaltene Limesfest in Kipfenberg (Altmühltal) an der historischen Wirklichkeit von einst weit vorbeigefeiert werden. Tatsache ist jedoch, daß Kipfenbergs Ortskern genau auf dem einstigen römischen Grenzwall steht. Außerdem kann man kaum sonstwo noch ein so langes Stück entlang dem rätischen Limes abwandern, dessen Reste noch deutlich erhalten sind – nicht nur im Gelände, sondern offenbar auch in der Überlieferung und im Gedächtnis der Leute. Nicht von ungefähr gibt es hier eine Gaststätte „Zum Limes", eine Limeshütte und einen Gedenkstein, den 1861 König Max II. setzen ließ. Solche „Maxsteine" stehen in Bayern an mehreren Stellen – der in Kipfenberg trägt folgende Inschrift: „Landmarkierung zwischen dem einstigen Reiche der Römer und Germanen. Anfang am Haderfleck zwischen Hienheim und Weltenburg. Westliche Hauptrichtung durch Bayern u. Würtenberg bis zu Rems u. Lorch, sodan nordwestlich an den Main und Rhein. Der Pfahlrain, li-

mes Danubius, vallum Hadriani, auch Probi, später die
Teufelsmauer genannt, unter Kaiser Hadrianus angelegt und unter Probus noch mehr befestigt. Der Pfahlrain kreuzt bei Denkendorf die Ingolstadt-Amberger
Staatsstraße und zieht hier vorüber nach Pfahldorf,
Hirnstetten an die Eichstätt-Gredinger Distriktstraße
zwischen Wachenzell und Herlingshard." Alles an dieser Inschrift stimmt heute nicht mehr so ganz – aber da
zu dieser Zeit die Reichslimeskommission noch nicht
am Werk gewesen war, wußte man eben nur mäßig Bescheid. Was es mit dem „Pfahl" und Orts- oder Flur-
nahmen wie Pfahldorf oder Pfahlbuck auf sich hat, das
wird im Kapitel über den Limes ab Seite 31 näher erklärt. Der Pfahlbuck ist ein Höhenrücken bei Kipfen-

*Ja so warn s' – die alten Römersleut', die hier gemeinsam
mit einer gehörnten Germanentruppe beim Limesfest in
Kipfenberg aufmarschieren. Wie man am rechteckigen
Schild sieht, handelt es sich bei den „Römern" um
Legionäre, also Angehörige einer Elitetruppe. Genau wie
die „Germanen" mit ihren fellbespannten Schilden sind sie
in Wirklichkeit Bajuvaren – und deshalb marschieren sie
sofort nach dem Festzug in schöner Eintracht ab ins Bierzelt.*

berg, auf dem der Grenzwall und die Mauer verlief. Beim Endausbau unter Kaiser Antoninus Pius wurde im zweiten Jahrhundert die Mauer aus Steinen immerhin drei bis vier Meter hoch geschichtet, weshalb man heute noch Fundamente vorfindet, während von den ursprünglichen Holzwachtürmen und Palisaden längst nichts mehr da wäre – die hätten die germanischen Eroberer sicher schon bei ihren ausgiebigen Siegesfeierlichkeiten geschwind verheizt. Es lohnt sich auf jeden Fall, den Resten bei Kipfenberg nachzuspüren. Entweder vom Parkplatz beim Terrassenschwimmbad aus, wo links eine kleine Straße abzweigt (Beschilderung „zum Limes"). Man stößt auf dem Hügelkamm nicht nur auf die Reste der Mauer, sondern schon nach 15 bis 20 Gehminuten auf das Fundament eines ersten Wachturms. Diesen Limes-Spaziergang könnte man aber auch im Kipfenberger Ortsteil Böhming beginnen (reichlich P-Platz). Dort steht seit dem 12. Jahrhundert eine Kirche samt Friedhof mittendrin im 7500 qm großen Römerkastell (erst 1898 entdeckt), dessen Umrisse sich noch ein wenig in den Feldern ringsum abzeichnen. Von hier führt der mit Nummer 14 markierte Weg auf 6 km Länge den Limes entlang. Interessant ist aber auch das gerade erwähnte Kastell Böhming, etwa 400 Meter abseits vom Ort und 800 Meter hinterm Limes. Die Tatsache, daß die Kirche, Ende des 12. Jahrhunderts geweiht, so weit ab vom Ort steht, legt einen Verdacht nahe: Ob man sie nicht deshalb mitten ins einstige Kastell und zum Teil über das Stabsgebäude gebaut hat, weil man hier die Steine dafür gleich so praktisch bei der Hand hatte? Vom Kastell ist unter diesen Umständen nur noch wenig vorhanden – außer dem als flacher Damm in den Feldern ringsum sich noch schwach abzeichnenden Wall. Es bildet ein etwas verschobenes Rechteck von 95 Metern Länge und 78 Metern Breite und hatte nur zwei Tore, aber mehrere Türme. Offenbar ist dieser Standort aber auch ordentlich geräumt oder gründlich geplündert worden, denn an Fundstücken kam bei den Ausgrabungen nicht mehr viel zum Vorschein. Sehr bemerkenswert für ein so kleines Numeruskastellchen (für nur etwa 100 bis 200 Mann) ist allerdings die ausführliche Bautafel. Die hat man fast komplett gefunden. Heute ist sie im Museum in Eichstätt zu sehen. Der Text: „Unter dem Kaiser Lucius Aurelius Antoninus Augustus Commodus, dem Sieger über die Armenier, Parther, Germanen und Sarmathen, als er im 6. Jahre Tribun und zum 3. Mal Konsul war, dem Vater des Vaterlands, und unter dem kaiserlichen Statthalter und Proprätor Spicius Cerialis hat eine Abteilung der III. Italischen Legion unter der Leitung des Hauptmanns Julius Julinus die Mauer errichtet, ebenso die Tore mit vier Türmen, vollendet wurden sie von Aelius Fortis, Hauptmann in der III. Italischen Legion und Kommandant der I. Kohorte der Breuker in dem Jahr, da der Kaiser zum 3. Mal und Nurrus Konsuln waren." Uff – da hatte der arme Steinmetz viel zu meißeln. Aber durch diesen umschweifigen Text der in zwei Stücke zerbrochenen Platte weiß man genau, daß dieses Kastell im Jahr 181 n. Chr. fertig wurde, und daß man zum Bau Soldaten der Legio III aus Regensburg hierher abkommandiert hatte. Die wurden jedoch vorzeitig wieder abgezogen, es blieb offenbar nur ein leitender Offizier da, und die restliche Arbeit machte eine Auxiliartruppe, nämlich Leute von der Breuker-Kohorte aus dem Kastell Vetoniana (Pfünz). Dieser Bau war aber nicht der erste, sondern nur ein

Neubau für ein bereits vorher bestehendes Kastell, das höchstwahrscheinlich bei den Markomannen-Einfällen stark beschädigt oder zerstört worden war. Es gab hier daneben eine für das kleine Militärlager ziemlich große Zivilsiedlung, aber auch aus der kam bis jetzt durch Lesefunde und gelegentliche Grabungen nur wenig zum Vorschein. Allerdings hat man den vicus noch nicht richtig ausgegraben, sondern nur Lage und Grundrisse einzelner Häuser geortet.

Nochmal zurück zu Kipfenberg: In diesem Ort gibt's auch sonst ein paar Dinge, die zwar gar nichts mit den Römern zu tun haben, aber dennoch interessant sind. So zum Beispiel einen großen Steinbrocken mit einer Bronzetafel drauf, der angeblich den exakten geographischen Mittelpunkt Bayerns markieren soll – deshalb erfand der Ort ja auch den Werbeslogan „In Bayern schön mittendrin". Man sollte möglichst auch nicht versäumen, sich das Fasenickel-Museum anzuschauen (Mi. 15.00–18.00, So. 14.00–17.00 Uhr). Die Fasenickel sind ein Verein, der ein nur für diese Gegend typisches Fastnachtsbrauchtum (wahrscheinlich schon auf heidnische Zeiten zurückgehend) mit sehr eigenartigen Kostümen und Masken pflegt. Nicht im Museum zu bestaunen ist jedoch „der Kipfenberger", ein Urbajuvare, der hier vor rund 1600 Jahren begraben und 1991 bei Autobahn-Bauarbeiten ausgebaggert wurde. Aus den Beigaben und dem Befund konnte man allerhand entnehmen, so z. B. daß der „Kipfenberger" nur etwa 30 Jahre alt geworden war, schlechte Zähne hatte, gern Spanferkel aß und als Söldner beim römischen Militär Dienst tat. Allerdings nicht als gemeiner Soldat, denn es handelte sich um einen Frühbaiern von Stammesadel, der offenbar Offizier war. Aufgrund eines schönen

Glasbechers als Grabbeigabe bescheinigte ihm Generalkonservator Prof. Michael Petzet posthum eine fortschrittliche Trinkkultur, d. h.: Offenbar süffelte dieser Urbaier kein Bier aus dem Eimer, sondern hatte von seinen Dienstherren das Weintrinken aus edleren Gefäßen übernommen. Gelebt hat dieser Mann – aus den Beigaben zu schließen – irgendwann zwischen 390 und 420. Was den Fund so einzigartig und aufschlußreich macht: Für diese Zeit war bisher aus dem germanischen Bereich in Bayern keine Erdbestattung bekannt – man ließ sich damals verbrennen, und dabei bleibt ja nicht viel übrig. Dieser Glücksfall aus der Spätgeschichte der Römer und der sich damit überschneidenden Frühgeschichte der Baiern wird die Archäologen und Historiker wohl noch eine Weile beschäftigen.

Bei Nördlingen und Oettingen
Römische Reste im Ries

Das Ries, die fast kreisförmige Delle eines Meteor-Einschlags mit 25 km Durchmesser rund um Nördlingen, bietet viele sehenswerte Besonderheiten. Eine davon sind die zwei Ofnet-Höhlen beim Nördlinger Vorort Holheim bzw. bei Utzmemmingen. In der größeren hat man eine (bislang noch immer ziemlich geheimnisvolle) Ansammlung von 33 menschlichen Schädeln gefunden. Vor etwa 13000 Jahren (manche Experten schätzen auch „nur" 7500) waren sie hier reich geschmückt wahrscheinlich in einem Kult-Akt ausgelegt worden, und zwar auf farbigem Kies und Asche in zwei

„Nestern", alle mit einem Loch in der Schädeldecke und alle mit dem Gesicht nach Westen. Nur etwa 300 Meter vor den Höhlen und etliche Meter darunter legten Archäologen im Maienbachtal erst 1975-81 eine Villa Rustica frei, einen römischen Gutshof also. Solche Höfe, die an Zeitsoldaten nach ihrem Ausscheiden aus dem aktiven Dienst vergeben wurden, sind bis jetzt im und um das Ries rund 100 lokalisiert, aber nur ganz wenige freigelegt – darunter einer bei Hüssingen, den man ebenfalls noch besichtigen kann. Ein zweiter in Harburg-Großsorheim wurde 1987 zwar aufgedeckt und archäologisch kartiert, mußte dann aber – weil es für

Zwei interessante Sehenswürdigkeiten ganz nah beisammen: Oben im Karstfelsen die Ofnethöhlen, wo die geheimnisvollen Schädel aus grauer Vorzeit gefunden wurden – und direkt davor die bisher freigelegten Grundmauern eines großen römischen Gutshofes.

das Gebiet bereits einen gültigen Bebauungsplan gab –
wieder zugeschüttet werden. Gut konserviert ist die
Anlage einer Villa Rustica dagegen in Holheim bei den
Ofnet-Höhlen. Landwirtschaftliche Betriebe wie dieser produzierten einst Lebensmittel für die Versorgung
des Militärs in den Grenzkastellen und für die Zivilsiedlungen im Hinterland des Limes. Es handelte sich
keineswegs um kleine Klitschen, sondern um sehr statt-
liche Anwesen. Die Villa im Maienbachtal bei Holheim
hatte ein Wohnhaus mit sechs großen Räumen, die auf
zwei Seiten den teils überdachten Innenhof umschlos-
sen. Im ummauerten Geviert – einer kleinen Festung –
standen außerdem Ställe, Remisen und Lagerräume sowie ein Badegebäude. Zu diesem Hofgelände von etwa
1 Hektar gehörten im Schnitt etwa 100 Hektar Acker-
land, also immerhin 1 qkm. Die Maße der Außenmauer
um das Gehöft lagen meist bei 100 x 100 Meter, im Fall
Holheim ist es allerdings ausnahmsweise mal ein leicht
unregelmäßiges Viereck mit nicht ganz gleichen Sei-
tenlängen. Man schätzt, daß die Gesamtzahl der Bewohner – Sippe samt Gesinde – etwa ein halbes Hundert Menschen umfaßt hat. Als die Sueben und Alamannen endgültig in dieses Gebiet eindrangen (um 230-
260), da mieden sie an manchen Stellen solche verlassenen Gutshöfe – vielleicht aus Angst vor bösen Geistern?
Jedenfalls stellten sie ihre Holzhäuser nicht selten ein
gutes Stück weiter daneben, obwohl vielleicht noch be-
wohnbare oder leicht wieder zu reparierende Steinbauten dagewesen wären. Erst im Mittelalter und ganz
besonders nach dem Dreißigjährigen Krieg wurden solche Ruinen der Römer überall hemmungslos als „Steinbrüche" für den möglichst schnellen Wiederaufbau der
zerstörten Dörfer benutzt. Noch im späten 13. Jahr-

hundert jedoch wird die Villa Rustica von Holheim in lateinisch abgefaßten Kaufverträgen als „Burg Alte Stadt" (castrum urbs antiqua) bzw. „Bei der alten Stadt" (ad antiquam urbem) bezeichnet. Demnach muß damals wohl noch ziemlich viel Bausubstanz erhalten gewesen sein. Noch ein Kuriosum: Heute liegt dieser römische Gutshof, der für Besucher jederzeit frei zugänglich ist, mit seinem ausgegrabenen und gut konservierten Teil im bayerischen Holheim – etliche noch nicht freigelegte Teile gehören dagegen nach Baden-Württemberg zur Gemeinde Riesbürg. Das hätte sich ein römischer Kolonist seinerzeit sicher kaum vorstellen können, daß quer durch seinen Hof im Imperium Romanum später mal die Grenze zwischen zwei „germanischen" Ländern verlaufen würde.

Wenn man schon da ist, wird man nebenan wohl die Ofnethöhlen besuchen. Aber auch noch was Römisches gäbe es nur wenige km von Nördlingen anzuschauen: Bei dem kleinen und überhaupt sehenswerten Residenzstädtchen Oettingen liegt der Ort Munningen, und dort sieht man die 1906 entdeckten Reste des Truppenlagers und der dazugehörigen Zivilsiedlung Losodica. Das wurde 1906 vom damaligen Streckenkommissar der Reichslimeskommission entdeckt und war noch lange danach insofern was Besonderes, als es sich um das erste und lange Zeit einzige Holzkastell handelte, das in Bayern gefunden wurde. Mittlerweile kennt man allerdings auch andere wie z.B. das Lager Künzing an der Donau: Das gilt heute als das besterforschte Holz-Erde-Kastell in Bayern und dürfte wohl auch aus derselben Zeit stammen. Hier in Munningen war für nur etwa zwei Jahrzehnte bis zum Bau des weiter nördlich gelegenen Limes eine Kohorte von 500

Mann stationiert. Als die Einheit woandershin verlegt wurde, machte sie planmäßig ihr Lager selber platt und schaufelte sogar die Gräben wieder zu – Ordnung mußte sein bei den Römern. Was die Ausgrabungen zusätzlich erschwerte: Daß Holz im Gegensatz zu Mauersteinen sich im Boden meist nicht gut hält – man kann also Grundrisse in solchen Fällen fast nur noch an Verfärbungen des Bodens ablesen. So viel weiß man aber: Das Kastell hieß Losodica (wahrscheinlich ein von den Kelten übernommener Name) und war eines von insgesamt drei im Ries bekannten Kastellen. Das zweite lag westlich davon in Oberdorf (Opie) und wurde ebenfalls schon mehrmals archäologisch untersucht. Und das dritte hieß Septemiacum, aber von dem hat man bis jetzt keine Spur gefunden – man vermutet, es liegt vielleicht genau unter der Stadt Nördlingen. Losodica-Munningen war – wie alle römischen Truppenlager – im Rechteck mit abgerundeten Ecken angelegt. Mit 150 mal 179 Metern (= 2,7 Hektar) entsprach es der Durchschnittsgröße von Kohortenkastellen. Drumherum hatte es einen 6 Meter breiten und 2,5 Meter tiefen Spitzgraben, als Zugänge die üblichen vier Tore. Von den Eck- und Zwischentürmen wurde bisher nur einer aufgedeckt. Stationiert war hier eine 380 Mann starke Infanterietruppe mit zusätzlichen 120 Mann Reiterei, also eine cohors quingenaria equitata. Die Zivilsiedlung bestand länger, sie scheint später wegen der günstigen Lage an einem Straßenschnittpunkt und dem damals schiffbaren Flüßchen Wörnitz sogar noch an Bedeutung gewonnen zu haben, so daß sich dieser vicus schließlich auch auf das einstige Kastellgelände ausdehnte. Man nimmt an, daß dort auch eine Straßenstation mit Rasthaus (mansio) war. Und außerdem: Daß der von Tacitus erwähnte Handel mit den germanischen Hermunduren durch das Ries und damit über Muningen geführt hat, von wo eine Verbindungsstraße nach Augsburg bestand (heute führt die Staatsstraße nach Heroldingen großenteils immer noch über dieselbe Trasse). Offenbar war geplant, die Siedlung noch weiter auszubauen – man fand nämlich große behauene Quader als Bauteile für eine Pfeilerhalle, deren Fundamente ebenfalls aufgedeckt wurden. Der angefangene Bau blieb allerdings unvollendet liegen – da kamen anno 233 die Alamannen dazwischen, als man gerade Truppen von Rätien abgezogen hatte, weil sie der Kaiser Severus Alexander dringend für einen Feldzug im Orient brauchte. Ob die germanischen Eroberer auch Losodica zerstört haben? Man hat keine Spuren davon entdecken können – es wäre denkbar, daß die Einwohner vielleicht schon vorher aus Angst vor der längst drohenden Gefahr weggezogen sind und alles liegen und stehen ließen. Mitten in den lange Zeit verlassenen Ruinen legten alamannische Siedler erst im 6. Jahrhundert zwar kein Dorf, wohl aber einen Friedhof an, von dem bisher 60 Gräber aufgedeckt sind. Vielleicht dachten sich die Vorfahren der bayerischen Schwaben, denen es sonst vor verlassenen Ruinen offenbar ein wenig bang war, daß es den Toten eh nicht mehr gruseln kann. Rund um Munningen bei Oettingen hat der Verein Rieser Kulturtage e.V. einen Archäologischen Lehrpfad eingerichtet, der außer nach Losodica auch zu einem Grabhügelfeld aus der Hallstattzeit führt, zu einem (teilweise noch heute befahrenen) Stück einer Römerstraße und zu den Resten einer römischen Siedlung in der Stadt Oettingen. Außerdem steht noch ein mittelalterlicher Turmhügel und die ehemalige Burg Steinhart im Falt-

blatt-Führer, wobei die Burg insofern eine ziemliche
Besonderheit darstellt, als hier mitten im Wald bis Ende
vorigen Jahrhunderts eine jüdische Gemeinde ihren
Wohnsitz und sogar eine Synagoge hatte. Grabsteine
mit Inschriften in Deutsch und Hebräisch findet man
heute noch bei der einstigen Burg der „Späten von Steinhart".

Im Heimatmuseum Oettingen ist u. a. ein sehr in-
formatives Kastell-Modell zu sehen – allerdings erst
wieder 1995 nach einem Umbau. Termin-Anfragen unter (0 90 82) 70 90.

Titting bei Eichstätt
Das Straßendorf auf dem Limes

Sollten ausgerechnet in Eichstätt keine Römer gewesen sein wie sonst doch fast an jedem Ort in dieser
Gegend hinterm Limes? Aber ja doch: Die alte Bi-
schofsresidenzstadt im Altmühltal hat zwar selbst keine
römischen Ausgrabungen in ihren Mauern aufzuweisen (jedenfalls bis jetzt) – aber durch Gräberfunde ist
nachgewiesen, daß es dort mindestens eine spätrömische Siedlung gegeben haben muß. Wie die geheißen
hat, wie groß sie gewesen sein könnte und wann sie un-
tergegangen ist: Lauter noch offene Fragen. Und nicht
mehr als eine Vermutung ist es auch, daß der Ort was
mit der Verarbeitung des Eisens aus dem Erzvorkom-
men nördlich der jetzigen Stadt zu tun gehabt haben
könnte. Aber auch ohne Ausgrabungen auf eigenem
Boden hat Eichstätt einen sehr rührigen Historischen

Verein, der sich um die Erforschung antiker Über-
bleibsel in der näheren Umgebung schon seit langem
sehr verdient gemacht hat, so zum Beispiel um das nur
6 km entfernte Kastell Vetoniana in Pfünz und seinem
vorgeschobenen Kleinkastell in Böhming. Und außerdem nur gute 10 km von Eichstätt entfernt um Reste
des Limes im Anlauter-Tal, einem hübschen Seitental

*Komplett rekonstruiert wurde bei Titting dieser Limes-
Wachturm aus Stein. Vom umlaufenden Balkon war ein
großes Stück der Grenzbefestigung zu überblicken. Unten
vorne wird auf beiden Seiten der Ansatz der Limes-Mauer
nur angedeutet – in Wirklichkeit war sie viel höher (drei bis
vier Meter).*

der Altmühl. Dort liegt die Marktgemeinde Titting, die zwar abseits von unserem Thema, aber auch sehr reizvoll eine hübsche und gut wanderbare Umgebung mit diversen Burgruinen und einem ehemals fürstbischöflichen Wasserschloß zu bieten hat. Auch dem Fossilien-Fan kann hier mit Versteinerungen von Pflanzen und Tieren was geboten werden, die vor 150 Millionen Jahren im Jura-Meer lebten: In den Ortsteilen Petersdorf, Kaldorf und vor allem Erkertshofen gibt es Steinbrüche, wo auf Abraumhalden der Hobby-Geologe nach Fundstücken suchen darf. Das erst vor 25 Jahren eingemeindete Erkertshofen hat aber noch mehr zu bieten, denn seit langem nennt es sich schon „ Das Dorf auf dem Limes". Dieser Beiname gilt allerdings nur für die Straße durch das obere Dorf, aber die verläuft tatsächlich genau auf den Fundamenten des einstigen römischen Grenzwalls. Nun tritt dieser Limes ja auch anderwärts zutage, so zum Beispiel sehr deutlich in der Gegend von Kipfenberg oder auch an seinem Ende bei Hienheim an der Donau. Dennoch lohnt sich für Leute, die an unserer römischen Vergangenheit interessiert sind, auch der Ausflug ins Anlautertal, dafür hat der Historische Verein Eichstätt e.V. gesorgt. Der ließ nämlich in Titting-Erkertshofen einen steinernen Limes-Wachturm komplett so wieder aufmauern, wie er hier einst in kurzen Abständen die Nordgrenze des Imperiums schützen sollte. Und angesichts dieses massiven Baus, der allerdings dann auch mit Scheinwerfern und Funk ausgerüstet so ähnlich auch an der einstigen DDR-Grenze hätte stehen können, wenn auch weniger solide gemauert: Da kommen einem dort „vor Ort" allerhand Gedanken über den Sinn oder Unsinn jeder militärischen Festungs-Philosophie. Der nachgebaute

Turm ist fast noch nagelneu: Er wurde erst 1992 eingeweiht, und zwar mit allem, was im Altmühltal bei solchen Gelegenheiten dazugehört: Festgottesdienst,
Frühschoppen im Festzelt, Römerfestzug usw. (oder et
cetera, um es für diesen Fall passender zu sagen). Einen
Besuch in Titting sollte man unbedingt mit Eichstätt
kombinieren. Auf der allein für sich schon sehenswerten Willibaldsburg gibt es dort nämlich ein Museum für
Ur- und Frühgeschichte mit einer Menge römischer
Funde aus der Umgebung. Genauer: Aus den Kastellen Pfünz und Böhming und deren Zivilsiedlungen sowie aus dem Vicus Nassenfels. Man könnte vermuten:
Hier werden halt auch bloß in etwa die gleichen Scher-
ben und Bronze-Objekte ausgestellt wie in vielen anderen Römermuseen. Aber diese Schau ist sehr infor-
mativ in folgende Themenbereiche untergliedert:

- Das Römische Weltreich und seine Militärgrenzen
  zwischen Donau und Rhein
- Eroberung der Provinz Rätien und der Ausbau der
  Limeszone
- Römische Kriegs- und Waffentechnik
- Lateinische Sprache und Schrift, Schriftdenkmäler
  und Schreibutensilien
- Römische Maß- und Baukunst, Baumaterial und Bau-
  technik
- Römische Zivilsiedlungen
- Römischer Götter- und Totenkult

Wer das alles in Ruhe durchstudiert, der weiß danach ziemlich viel über unsere einstige Besatzungsmacht. Ob die Archäologen einer fernen Zukunft von
der jetzt abziehenden US-Army auch so viele mu-
seumswürdige Hinterlassenschaften entdecken wer-

den? Der Limes-Turm in Titting ist jederzeit zu besichtigen. Das Museum in Eichstätt hat täglich außer
Mo. zwischen 1. April und 30. September 9.00-12.00
und 13.00-17.00 Uhr geöffnet, sonst von 10.00-12.00
und 13.00-16.00 Uhr. Außer jeden Mo. bleibt es
geschlossen jeweils am 1. Januar, Faschingsdienstag,
1. November, 24., 25. und 31. Dezember.

Römisches in München und drumherum

Steht der Alte Peter auf Trümmern aus der Römerzeit? Regierungsbaumeister Schleich, unter dessen Leitung von 1952 bis 54 bei den Wiederaufbauarbeiten an
der stark bombenbeschädigten Kirche nachgegraben
wurde, behauptete dies: Just zur 800-Jahr-Feier der
Stadtgründung rückte er 1958 mit seinen Thesen heraus, München sei eine Römergründung und damit
schon mindestens doppelt so alt. Andere Fachleute, so
der Landeskonservator Dr. Busch stützten diese These
– der einstige Chef der Prähistorischen Staatssammlung
H. J. Kellner bestritt sie vehement, einmal sogar in einer öffentlichen Podiumsdiskussion. Inzwischen ist es
allerdings längst wieder sehr still geworden um dieses
Thema. Und außer einem Gewölbe unterm Alten Peter und ein paar Münzen da und dort ist nichts gefunden worden – selbst bei so tiefschürfenden Großgra-
bungen wie dem U- und S-Bahn-Bau. Trotzdem gibt
es aber nur an wenigen Orten Bayerns so viele römische Relikte bester Qualität wie in der Landeshaupt-

stadt. Und zwar im Museum der Prähistorischen Staatssammlung in der Lerchenfeldstraße 2, nur wenige
Schritte von Adolf Hitlers Haus der (damals „Deutschen") Kunst. Vor dem Krieg war diese Sammlung römischer Altertümer – übrigens eine der bedeutendsten
in Deutschland – im historischen Gebäude der Alten
Akademie untergebracht, aber dort wurde sie im Zweiten Weltkrieg ausgebombt. Davon abgesehen, daß jetzt
selbst der sehr ungewöhnliche Neubau des Museums
eine „Schau" ist – für den dort in idealer Form präsen-
tierten „Inhalt" gilt das noch mehr. Daß es sich lohnt,
öfter als nur einmal hereinzuschauen, das zeigt wohl
deutlich dies: Eine dicke Schwarte über „Die Römer in
Deutschland" brauchte schon vor etlichen Jahren nicht
weniger als fünf großformatige und engbedruckte Seiten, um auch nur einen Überblick über die Bestände zu
geben. Ich will diesem Beispiel nicht folgen. Nur so viel
sei gesagt: In diesem Haus findet man vieles, was aus
Kastellen, Zivilsiedlungen oder Einzelgehöften geborgen wurde, die zwar erforscht, aber (mindestens noch)
nicht für die Öffentlichkeit zugänglich gemacht wurden. Und auch solche Dinge, die man „vor Ort" direkt
bei den Ausgrabungen mangels geeigneter Museums-
räume nicht oder auch noch nicht präsentieren kann.
Die Öffnungszeiten der Prähistorischen Staatssammlung: Außer Mo. täglich 9.00–16.00, am Do. 9.00–20.00
Uhr.

Einen Ableger der Staatssammlung findet man seit
1979 in jener Burg zu Grünwald im Isartal, wo laut
Karl Valentin einst die alten Rittersleut' gehaust haben,
denen es angeblich vor gar nix grauste. Was insofern
falsch ist, als der Ort erst später Groinwalde genannt

wurde und ehedem viel schöner bairisch Derbolfing
hieß. Und zweitens war die Derbolfinger Burg nie Ei-
gentum einer Rittersippe, sondern da hausten ebendie
Derbolfinger als unfreie Dienstmannen der Grafen von
Andechs und Meranien. Als dieses mächtige Geschlecht
ausstarb, fielen Ort und Burg Mitte des 13. Jahrhunderts an die Wittelsbacher Herzöge. Die nutzten das
Gemäuer lange Zeit als Jagdschloß, später als Pulver-
magazin und Sondergefängnis, z.B. Ende des 17. Jahrhunderts für den „Goldmacher" Don Domenico Ma-
nuel Caetano aus Napoli – also einen späten Nachfahren der Römer, die hier zur Sicherung des Flußübergangs schon einen Stützpunkt an der Isar hatten. Insofern ist es ganz sinnig, daß man einen Flügel der alten
Burg – wenn sie so auch erst viel später erbaut wurde –
für ein römisches Zweigmuseum nutzt, das sich allerdings auf wenige Schwerpunkte konzentriert:

- Ein Lapidarium mit vielen Grab-, Weihe- und Altar-
  steinen, darunter auch die Bautafel des Kastells
  Sablonetum in Ellingen mit dem später wieder her-
  ausgemeißelten Namen des Kaisers Commodus, an
  den jede Erinnerung getilgt werden sollte.
- Die Abteilung für römisches Straßenwesen, wo von
  der Bautechnik über Meilensteine bis zu den Etap-
  penposten und der Verwaltung alles zu sehen ist,
  was einen für damals fast unvorstellbaren Schnell-
  verkehr ermöglicht hatte.
- Eine römische Küche – vollständig eingerichtet –
  sieht man anderswo auch kaum. Hier wurde sie
  so aufgebaut, wie man sie aus Darstellungen und
  Grabungsfunden kennt – man lernt da leicht, was
  man ohnehin schon ahnte: daß es die Hausfrau der
  Antike ohne Mixer, Mikrowelle, Gasherd und Kom-

fortbackrohr weit schwerer hatte, was Gutes auf den Tisch zu bringen.

Ansonsten sieht man in der Grünwalder Burg noch einen römischen Töpferofen, die Rekonstruktion einer Hypokausten-Heizung, die nicht nur den Fußboden, sondern auch die Wände durch Heißluft-Kanäle erwärmte, und eine Kollektion verschiedener Dachziegel mit dem jeweiligen Stempel jener Legion, die sie hergestellt hatte. Vielleicht sollten solche eingebrannten Stempel damals nur den Diebstahl von Staatseigentum verhindern helfen? Jedenfalls sind sie heute für den Archäologen deshalb sehr aufschlußreich, weil man daraus häufig Truppenverlagerungen ablesen kann. Das Burgmuseum Grünwald (Zeillerstr. 3, nahe an der Endhaltestelle der Münchner Tram 25) ist nur vom 15. März bis 30. November geöffnet, und zwar Mi. mit So. 10.00–16.00 Uhr. Gruppenführungen gibt's nach telefonischer Vereinbarung: (0 89) 29 39 11.

Vom Burgmuseum aus führt ein knapp 3 km langer Spaziergang über den Marktplatz, dann die Straße „Auf der Eierwiese" und den Georg-Proebst-Weg zur Römerschanze im Grünwalder Forst am Steilufer der Isar. Die Wälle und Gräben, die man auf diesem dreieckigen Vorsprung über dem Fluß sieht, stammen erst aus der Zeit nach den Karolingern – die römischen Reste liegen darunter. Es handelte sich – soviel ist bekannt – um eine Straßenstation an der Römerstraße Iuvavum (Salzburg)-Augusta Vindelicum (Augsburg). An zwei Seiten war der Platz durch die Steilhänge gesichert, an der dritten aber durch eine starke Mauer mit Tor und Türmen. Zu dieser Siedlung gehörten neben Wohnhäusern

auch eine Schmiede und andere Werkstätten. Das alles
brannte im fünften Jahrhundert nieder und wurde von
den Römern auch nicht mehr aufgebaut. Sehr viel später nutzte man diesen selben Punkt abermals zur Überwachung des Flußübergangs und zum Abkassieren des
Brückenzolls. Wie lange, das ist unerforscht, es gibt
aber Vermutungen, daß spätestens ab 1158 mit der
Eröffnung der neuen Isarbrücke in München durch den
Welfenherzog Heinrich der Übergang bei Derbolfing
stark an Verkehrsfrequenz verloren haben könnte. Von
der Römerschanze kommt man über das Fuchswegl-
Geräumd nach Oberdill und von dort zur (jetzt as-
phaltierten) Römerstraße durch den Grünwalder Forst
bis zur Landstraße Ödenpullach-Deisenhofen. Dort
findet man nach wenigen hundert Metern die südwestliche Keltenschanze Deisenhofens. Es gibt aber noch –
jeweils im Abstand von ungefähr eineinhalb Kilome-
tern – eine südliche und südöstliche. Mit den Römern
haben die nur insofern was zu tun, als hier die Besatzungsmacht ihre Straßentrasse rücksichtslos und bolzengerade durch eine der drei Schanzen durchgelegt hat
– obwohl man damals doch noch besser als heute hätte
wissen müssen, daß es sich bei diesen Erdwall-Recht-
ecken um Kultstätten der keltischen Bevölkerung gehandelt haben soll. Übrigens: Die Straßen-Trasse ist
von hier noch weiter über Sauerlach bis nach Großhel-
fendorf (Isinisca) bei Aying festgestellt. An der Te-
gernseer Landstraße zwischen Sauerlach und Lanzen-
haar ließ König Max II. Mitte des 19. Jahrhunderts einen Denkstein aufstellen mit der Aufschrift „Römerstraße von Augusta Vindelicorum nach Iuvavum“.
Zwei weitere solche „Maxsteine“, die an dieselbe Straße
erinnern, stehen an der alten Olympiastraße im For-

stenrieder Park und an der Wolfratshauser Straße zwischen Höllriegelskreuth und Baierbrunn.

Die Römerstraße, die bei Grünwald die Isar überquerte, führt aber auch am anderen Ende noch ein gutes Stück weiter, und zwar zuerst einmal nach Gauting (Bratananium). Dort war nicht nur eine Straßenkreuzung, sondern auch ein Übergang über die Würm, und an dieser Stelle stand von etwa 20 bis 350 n. Chr. eine größere Ansiedlung mit einem Rasthaus, öffentlichen Thermen, einer Lagerhalle, Gewerbebetrieben und Händlern. Von all dem ist heute nichts mehr zu sehen – schon wegen der dichten Besiedlung im Würmtal. Lediglich eine geschnitzte Tafel aus Holz markiert noch jenen Punkt, wo einst der Mittelpunkt von Bratananium lag. Im Rathaus von Gauting aber kann man in Vitrinen sehen, was hier alles mehr oder weniger zufällig aus dem Boden gekommen ist an Waffen, Handwerkszeug, Haushaltsgeräten, Keramik und Schmuck. Von Gauting geht die Römerstraße noch ein Stück weiter über Gilching bis nach Schöngeising an der Amper im Landkreis Fürstenfeldbruck – bei den Römern hieß es Ambrae und war die letzte Etappenstation vor Augsburg. Auch dort gab's Gewerbebetriebe wie z.B. eine Steinmetzwerkstatt, man fand aber auch Schmelzöfen zur Erzverhüttung und eine mansio zur Übernachtung und zum Pferdewechsel. Manches davon ist so richtig erst seit 1992 bekannt. Der Arbeitskreis für Vor- und Frühgeschichte des dortigen historischen Vereins hatte Zufallsfunde auf einem Acker nahe der Römerstraße gemacht und daraufhin – in Abstimmung mit dem Landesamt für Denkmalpflege – mehrere Monate lang gegraben. Gerade recht zum zehnjährigen Vereinsjubiläum reichten die Funde für eine Ausstellung in Kloster Fürstenfeld. Seit einiger Zeit interessiert sich auch der Bund Naturschutz für diese Römerstraße. Der möchte nämlich – da alle daran gelegenen Orte einen S-Bahnhof haben – diese ganze Trasse zu einem historischen Wander- und Radweg von 50 km Länge umgestalten. Auf großen Teilen wäre das auch durchaus machbar. Schwierigkeiten gibt es auf einem nur 5 km langen Stück zwischen Gilching und Gauting, das zwar bereits als Rad- und Kreiswanderweg vom Landratsamt Starnberg eingestuft wurde – nur daß hier eben trotzdem auch noch Autoverkehr zugelassen ist, und das mit einer Frequenz von fast 1000 Wagen pro Tag. Die Naturschützer haben eine Sperre beantragt, aber die beteiligten Gemeinden zeigten sich davon nicht begeistert. Nun ja – irgendwann wird's vielleicht doch noch klappen – wo die alten Römer nun schon so lange auf ihre Wiederentdeckung hatten warten müssen, da tut halt auch in der Gegenwart noch eine Portion antiker Geduld und Gelassenheit not. Oder wie die Römer sagten: „Festina lente" – Laß dir's nur langsam pressieren!

Aschaffenburg, Obernburg, Stockstadt, Miltenberg, Marktbreit
Römisches am bayerischen Main

Während sich die Kastelle und vici am Limes entlang wie an einer Perlenschnur aufreihen, finden sich an der nassen Grenze des Mains wesentlich weniger römische Reste.

Erwähnenswert ist vor allem das Kastell Nemaninga – identisch mit dem heutigen Ort Obernburg nahe Aschaffenburg. Die dortige Römerstraße trägt ihren Namen sehr zu Recht, verläuft sie doch genau auf der Hauptstraße (via principalis) des einstigen Militärlagers. Und das wiederum war auch nicht zufällig hier angelegt worden: Auf einer Hochterrasse gegenüber der Elsava-Mündung sicherte das Steinkastell nicht nur eine Furt über den Main, sondern auch die Heerstraße am Fluß entlang. Es handelte sich um ein stattliches, fast drei Hektar großes Kohortenkastell nach üblichem Schema: Rechteck, vier Tore, mehrere Türme. Das Haupttor (porta praetoria) lag auf der dem Main zugewandten Seite. Wie aus mehreren Inschriften zu entnehmen ist, war die Besatzung auch hier wieder mal weit hergeholt: Die IV. berittene Aquitanerkohorte, bestehend aus römischen Bürgern, die hier unentwegt Wache hielt, bis das Kastell 259/60 n. Chr. wegen der Alamannen aufgegeben werden mußte. Sogar einer der Kommandeure ist namentlich bekannt, weil er – in Erfüllung von Gelübden – gleich drei Weihesteine hinterließ, in denen als Stifter eben dieser Praefectus Lucius Petronius Florentinus aus Saldas in Italien eingemeißelt stand. Als Aufklärungstruppe war der Aquitanerkohorte noch ein Numerus von Brittonen angegliedert – also auch nicht gerade aus der Nachbarschaft stammend, aber es handelte sich um einen Stamm, der mindestens teilweise im benachbarten Mümlingtal angesiedelt worden war – von dort rekrutierte man die paar Soldaten für das kleine Numeruskastell, das genau auf jener Fläche stand, wo jetzt die Oberndorfer ihre Toten begraben. Und noch was hat man in Obernburg vor 40 Jahren entdeckt: Bei der Ausschachtung einer Baustelle vor dem oberen Tor kam eine Benefiziarierstation zutage, also ein Posten der Straßenpolizei, die für die Strecke am Main entlang zuständig war. Aus gefundenen Inschriftensteinen weiß man, daß es sich hier sogar um Militärpolizei gehandelt hat, nämlich zuerst um Soldaten der VIII. Legion aus Argentorate (Straßburg), danach solche von der XXII. aus Mogontiacum (Mainz). Und schließlich war in Obernburg durch Funde außerhalb des Kastells eine große Zivilsiedlung von schätzungsweise 2000 oder noch mehr Einwohnern nachzuweisen. Besonders überraschend: Manches, was man unter der christlichen St.-Anna-Kapelle gefunden hat, deutet darauf hin, daß hier zur Römerzeit Anhänger des persischen Mithras-Kults ihren Gott verehrt haben. Nemaninga ging zweimal kaputt: Schon 162 n. Chr. demolierten es germanische Chatten (die heutigen Hessen), was aber nicht gar so arg gewesen sein kann, denn noch im selben Jahr war das Kastell schon wieder hergestellt. Knapp hundert Jahre später, als die Römer vor den Alamannen zurückwichen und die Limesgrenze nach Süden verlegen mußten, wurde auch dieses Militärlager aufgegeben. Im Mittelalter begann man dann nach langer Besiedlungspause das heutige Obernburg darüberzubauen, weshalb von den Römern an Ort und Stelle kaum noch was zu sehen blieb. Lediglich der Straßenverlauf des Kastells läßt sich im Zentrum am Stadtplan noch genau ablesen. Ein Teil der Obernburger Römer-Relikte ist in Aschaffenburg, weil man am Fundort erst 1953 ein „Römerhaus" einrichten konnte. Dieses kleine, aber durchaus sehenswerte Museum liegt sinnigerweise in der Römerstraße (Öffnungszeiten: Mo. mit Frei. 8.00–12.00, Mo. 14.00–17.00, Mi 14.00–18.00, von 1. Mai mit 30. September auch So. 14.00–17.00 Uhr). Für Anfragen: Telefon (0 60 22) 5 00 20.

Beinahe gäbe es am Main nahe Aschaffenburg heute noch ein zweites Kastell, das zwar besser erforscht ist als Nemaninga – aber leider total verschwunden. Es lag in Stockstadt, und wenn man auch sonst sehr viel darüber weiß, so doch nicht den römischen Namen. In einer Weihe-Inschrift ist nur noch zu entziffern, daß er mit E angefangen und mit id aufgehört hat. Diese Anlage wurde vor gut hundert Jahren entdeckt und ausgegraben, als man am Main ein Zellstoffwerk baute. Kastell hin und Römer her: Die Fabrik hatte Vorrang, und das blieb auch bei späteren Werkserweiterungen so. Erst 1968 wurden bei einer solchen Gelegenheit die Grundmauern des Kastellbades gefunden. Hätte man sie nicht Stein für Stein in den Park von Aschaffenburg-Nilkheim versetzen können, dann wäre auch davon nichts mehr übrig – genau wie vom sonstigen Mauerwerk, das noch 1885 guterhalten aufgefunden wurde. Jetzt wird auf der römischen Vergangenheit nun halt mal Zellstoff hergestellt – basta. Allerdings hat das Un-

ternehmen wenigstens die Ausgrabungs- und For-
schungsarbeiten nicht behindert, sondern sogar sehr ge-
fördert. Das Kastell E???id in Stockstadt war gut drei
Hektar groß und hatte eine Besatzung von 380 Mann
Infanterie und 120 Reitern. Zunächst war auch hier wie
in Obernburg eine Aquitanerkohorte stationiert, nämlich die III. römischer Bürger. Dann kam die Cohors II
Hispanorum, und nach der wiederum eine Aquitanerkohorte aus Südwestfrankreich – aus jener Region, die
noch heute Aquitaine heißt. In Stockstadt waren sogar
drei Kommandanten nachweisbar, und auch die hatten
wiederum so wunderschöne, klangvolle Namen, daß
man sie fast für hübsch erfunden halten könnte, stün-
den sie nicht in Weih-Inschriften: Titus Fabius Libera-
lis, L.(ucius?) Caecilius Caecilianus (ein Afrikaner) und
M.(arcus?) Julius Rufus Papirianus Sentius Gemellus
aus Berytos (= Beirut) – wenn dieser arme Kerl mit seinem vollen Namen unterschreiben mußte, hatte er was
zu tun! Auch hier gab es wie in Obernburg eine Zivilsiedlung (neben anderen Tempeln übrigens ebenfalls
mit Mithras-Kultstätten), eine Straßenstation der Benefiziarier und außerdem eine Mainbrücke, von der
noch Spuren gefunden wurden, sowie eine ziemlich
große Schiffslände. Was hier an Gegenständen aus dem
Boden kam, ist heute teils in der Prähistorischen Staatssammlung in München zu sehen, teils im berühmten rekonstruierten Kastell Saalburg bei Bad Homburg, und
allerhand auch in Aschaffenburg – dort u. a. zwei Münzfunde und eine eiserne Gesichtsmaske. Ähnliches wie
für Stockstadt und Obernburg gilt für die beiden
Kastelle in Miltenberg am Main: Sowohl vom Ost-
wie vom Altstadtkastell ist praktisch nichts mehr da.
Beide wurden wahrscheinlich im selben Schicksalsjahr

259/260 geräumt, als die Alamannen hereinbrachen und die römischen Befestigungen demolierten. Im Mittelalter entstand im Bereich des Altstadtkastells ein neuer Ort, zu dessen Schutz man sogar die Kastellmauern wieder aufbaute. An die Stelle der principia und des Fahnenheiligtums setzte man damals eine Kirche. Bei einem läppischen lokalen Kleinkrieg wurde das alles aber schon 1247 wieder in Schutt und Asche gelegt. „In der Altstadt" ist heute nur noch eine Flurbezeichnung. Innerhalb des Kastellumgriffs wird geackert, und nur noch der Stumpf des Kirchturms mittendrin erinnert daran, daß hier mal was anderes gewesen war. Was im Lauf des letzten Jahrhunderts bei Grabungen gefunden wurde, das ist im Heimatmuseum Miltenberg ausgestellt. (Wegen Umbau geschlossen bis 1995, dann Öffnungszeiten zu erfragen unter 0 93 71/40 01 53.)

Die Stadt Aschaffenburg selber hat keine römische Vergangenheit, aber schon lange ein Stiftsmuseum, und deshalb wurden hier in zwei Räumen Funde aus den benachbarten Kastellen in Obernburg und Stockstadt untergebracht. Vor allem gibt's da viele Weihesteine – unter anderem einen vom Militärarzt Marcus Rubrius Zosimus, zum Dank für die schier wunderbare Heilung seines Kommandeurs gleich fünf Göttern gewidmet: Dem Jupiter, dem Apollo, dem Medizinergott Aesculap, der Gesundheitsgöttin Salus und der Glücksgöttin Fortuna. Weitere Weihesteine bzw. Altäre verehrten den Handels- und Verkehrsgott Merkur und den persischen Mithras. Außerdem findet man hier alles das, was eben bei römischen Funden dazugehört: Haus- und Küchengeräte, Werkzeuge, Waffen, Schmuckstücke, ärztliches Besteck – und nicht zuletzt zwei Münzfunde aus Stockstadt, beide vermutlich in unruhigen Zeiten vergraben. Das Stiftsmuseum wird bis Mitte 1994 umgebaut. Die Öffnungszeiten danach sind zu erfragen unter (0 60 21) 33 04 63. Auf der anderen Seite des Mains, im Park von Nilkheim, ist heute jenes Kastellbad zu besichtigen, das einige Flußkilometer weiter der Zellstoff-Fabrik in Stockstadt hatte weichen müssen. Noch was Römisches gibt es in Aschaffenburg, und zwar das Pompejanum am Mainufer. König Ludwig I. ließ es 1840 bis 1848 im Stil des „Castor und Pollux"-Hauses in Pompeji erbauen, wenn auch nicht ganz lupenrein, denn um mehr Raum zu gewinnen, setzte er noch ein Stockwerk drauf. Insgesamt aber kann man sich hier gut vorstellen, wie das Wohnhaus einer vornehmeren römischen Familie mal ausgesehen hat – leider momentan noch nur von außen. Im Zweiten Weltkrieg wurde nämlich das Pompejanum ziemlich zerbombt, und mit der möglichst originalgetreuen Wiederherstellung des Inneren ist man immer noch nicht ganz fertig. Dennoch: Dank des mediterranen Gartens samt Weinberg vor dem Haus über dem Main kann man sich hier ganz gut in ein anderes Land und in eine andere Zeit hineinträumen.

In Marktbreit sieht der Laie vorläufig gar nichts – außer Grabungslöchern. Aber es könnte sein, daß auf dem Kapellenberg eines Tages ein riesengroßer archäologischer Park entsteht. Denn hier liegt der Glücksfall vor, daß bislang noch nichts überbaut wurde. Und zweitens: Was die Archäologen an diesem Platz erst vor wenigen Jahren ausfindig gemacht haben, das betrachtet Dr. Wamser von der Außenstelle Würzburg des Landesamtes für Denkmalpflege als eine Sensation. Schon jetzt steht nämlich fest, daß hier in der Frühzeit der römischen Landnahme – etwa zwischen

10 v. bis 16 n. Chr. ein Militärlager stand, das mit 850 mal 650 Metern Seitenlänge auf eine Fläche von 40 Hektar kam und nicht nur einer, sondern gleich zwei Legionen Platz bot – zusammen also 12000 Mann und dazu noch etlichen Hilfstruppen. Man hat auch schon Unterkunftsgebäude bis zu einer Länge von 90 Metern geortet, einen Werkhallen- und Magazinbau, eine drei Meter breite Erde-Holz-Befestigung sowie die Porta decumana (das Südtor) und die Porta principalis dextra (das Nordost-Tor). (Wobei auch unsere Gegenwart schon wieder Spuren im Boden hinterlassen hat: Mitten durchs Südtor durchquert eine Fernwasserleitung das Lager.) Dieser Fund machte alle bisherigen Ansichten über die Pläne der Römer zur Gebietserweiterung in Richtung Mitteldeutschland und bis zur Elbe korrekturbedürftig. Höchstwahrscheinlich wurden die zwei Legionen nur deswegen hier stationiert, um für diesen Vorstoß bereitzustehen. Als man die Truppen schließlich unverrichteter Dinge wieder abzog, scheinen sie wohl selber ihr Holzkastell abgefackelt zu haben – und dadurch erhielten sich offenbar die Reste im Boden besser und deutlicher, als wenn hier irgendein Feind bös gehaust hätte. Das Kastell Marktbreit wurde übrigens genau dann aufgelöst, als Germanicus Caesar mit einem letzten großen Feldzug gegen die Cherusker wiederum keinen Durchbruch erzielen konnte. Danach hat man sich entschlossen, die Grenze da zu belassen, wo sie nun mal war, und auf weitere Vorstöße nach Nordosten zu verzichten. Damit aber wurde auch die Verstärkungsbasis Marktbreit überflüssig. Ob hier mal für Besucher was zu sehen sein wird, steht noch nicht fest. Auf jeden Fall aber dürfte es bis dahin noch eine gute Weile dauern.

Augsburg
Die Hauptstadt zwischen Lech und Wertach

Augsburg beging zwar anno 1985 mit viel Pomp und Trallala viele Wochen lang die 2000-Jahr-Feier seiner Stadtgründung – aber ob es wirklich just im Jahre 15 v. Chr. war, als hier unter Kaiser Augustus die Siedlung Augusta Vindelicum angelegt wurde? Selbst unter Gelehrten ist dieses Datum umstritten. Und vor allem: Am Anfang war in diesem Revier noch nicht Augsburg, sondern noch eine paar Jahre davor bereits ein Militärlager in Oberhausen, einem erst vor 80 Jahren nach Augsburg eingemeindeten Stadtteil. Von dieser frühesten Basis der Besatzer an der Wertach erfuhr man erst 1913 durch eine Grabung, bei der es anfänglich offenbar recht stümperhaft zugegangen sein soll. Angeblich sei da von den Arbeitern karrenweise vermeintlich „wertloser Schrott" weggekippt worden, bevor man merkte, was man in einem früheren Flußbett der Wertach entdeckt hatte. Dort waren nämlich wahrscheinlich durch ein Hochwasser Unmengen von Waffen, Gebrauchsgegenständen, Münzen, Fingerringen, medizinischen Gerätschaften und anderen römischen Relikten zusammengeschwemmt worden – insgesamt rund 10 000 Objekte. Aus der Wertach, ein Stückchen weiter oben, wurde auch der vergoldete Pferdekopf einer Bronze-Reiterstatue gefischt – heute eines der Prunkstücke in Augsburgs Römischem Museum. Wo das Lager in Oberhausen genau stand, ließ sich durch die weggeschwemmten Funde nicht mehr ermitteln.

Eines der Glanzstücke in Augsburgs Römermuseum:
Der Kopf vom Pferd einer Reiterstatue, die wahrscheinlich
einen Kaiser dargestellt hat. Gefunden wurde dieses wun-
derschöne Fragment im Flußbett der Wertach, aus dem auch
Helme und andere Gegenstände zutage kamen. Wie die
Sachen da hineingeraten sind? Da kann jeder seine eigene
Phantasie spielen lassen.

Schon zuvor hatte man allerdings auch Römergräber entdeckt, so zum Beispiel ein rund fünf Meter hohes Grabdenkmal für die Familie eines T. Flavius Primanus, das um das Jahr 200 n. Chr. aufgestellt, anno 1709 wieder ausgegraben und später ins Gemeindewappen von Oberhausen aufgenommen wurde – heute steht er im Römischen Museum. Als man 1991 das 80jährige Jubiläum der Eingemeindung nach Augsburg beging, sollte eine Kopie dieses Grabmonuments an der Hirblinger Straße in Oberhausen aufgestellt werden. Etliche Anwohner hätten dies fast verhindert, darunter der Inhaber eines Autohauses, der das Ding partout nicht neben seinem Laden dulden wollte, obwohl ihm zuvor die Stadt das Grundstück dafür abgekauft hatte. Inzwischen steht der „Römerstein" aber doch dort – unweit jener Stelle, wo vor etwa 17 Jahrhunderten T. Flavius Primanus für seine verstorbenen Angehörigen das Original hatte hinstellen lassen. Die Militärbasis Oberhausen wurde schon bald nach ihrer Gründung nicht mehr gebraucht und etwa 16 oder 17 n. Chr. aufgelassen. Umso rascher entwickelte sich die Zivilstadt Augusta, so daß sie der römische Schriftsteller Tacitus die „splendidissima Raetiae provinciae colonia" nennt, also die überaus glanzvolle (Haupt-)Stadt der Provinz Raetien. Wobei freilich auch wieder nicht hundertprozentig sicher ist, ob der Autor damit wirklich schon Augsburg gemeint hat – oder nicht vielleicht die fast ebenso alte und schon sehr gut entwickelte Stadt Cambodunum, das heutige Kempten an der Iller im Allgäu. Dort dürfte nämlich auch der erste Amtssitz des Provinzstatthalters gewesen sein, bevor er nach Augsburg verlegt wurde. Kein Zweifel mehr besteht jedoch später: Lange Zeit hindurch war Augusta Vindelicum am Zusammenfluß von Lech und Wertach mit 10 000 bis 15 000 Einwohnern eine für dort und damals bedeutende Metropole. Von den entsprechend prächtigen öffentlichen Bauten ist im Gegensatz zu Römerstädten wie Trier oder Regensburg oberirdisch nichts erhalten geblieben. Das lag, wie die Stadtarchäologen sagen, an der „Steinarmut" in dieser Gegend, die dazu gezwungen habe, vorhandenes Baumaterial immer wieder neu zu verwenden. Der berühmte Stadtbaumeister Elias Holl hat beispielsweise für die tiefen Fundamente des neuen Rathauses auch Römersteine hergenommen. Am Dom kann man sogar noch heute ausmachen, welche Bruch-

Einer der jüngsten und schönsten Funde der Augsburger Stadtarchäologen: Der Grabstein eines Weinhändlers, der auf seinem mit Rindern bespannten „Tankwagen" dargestellt wird. Durch besondere Umstände, die man nur vermuten kann, blieb dieses Relief fast unversehrt erhalten.

stücke aus der Antike stammen. Und noch im vorigen Jahrhundert wurde der Grabstein des berühmten Humanisten Conrad Peutinger als Bodenbelag für eine Kegelbahn verwendet – sinnigerweise just dort, wo heute zwischen dem Dom und den frühchristlichen Taufkirchen-Fundamenten die „Römermauer" steht (zu der kommen wir noch). Man muß heute bis zu 7 m tief graben, um auf das Niveau der Römerstadt hinunterzukommen. Und da die „Augusta" auch nach den Stürmen der Völkerwanderung bald wieder dicht bewohnt wurde, wären Ausgrabungen auf großer Fläche höchstens nach dem Zweiten Weltkrieg machbar gewesen, als weite Teile der Altstadt leergebombt waren. Nur: Gerade damals hatte man halt ganz andere Sorgen und gab dem möglichst raschen Wiederaufbau von Wohn- und Geschäftshäusern absoluten Vorrang. Aber wo auch immer in der Altstadt beim Bauen tief ausgeschachtet wird, da stößt man meist auf Funde. Auf so viele, daß Augsburg seit etlichen Jahren einen eigenen Stadtarchäologen beschäftigt – und der wiederum hat ein kleines Team von Mitarbeitern. Dennoch kommt man mit der Bergung, Aufarbeitung und Klassifizierung der vielen Objekte nicht nach. Ein Fund aus jüngster Zeit steht allerdings als neuestes Prunkstück bereits im Museum: Das komplett erhaltene und bildschöne Relief-Grabmal eines Weinhändlers mit der Darstellung seines Faß-Fuhrwerks, aufgefunden im Sommer 1990 von einer Archäologiestudentin. Dieser Block aus Jurakalkstein von hoher künstlerischer Qualität ist so optimal erhalten, daß man fast den Verdacht hegen könnte, es sei vielleicht noch gar nicht so alt, sondern eine Nachschöpfung. Aber der Grabstein stammt tatsächlich vom Ende des zweiten oder Anfang des dritten Jahrhunderts und stand – wie immer bei römischen Friedhöfen – entlang einer Ausfallstraße. Seine gute Erhaltung ist einem Zufall zu verdanken: Bei den Alamanneneinfällen von 260 bis 275 n. Chr. in die Provinz Rätien wurde möglicherweise auch die Hauptstadt demoliert. Jedenfalls muß der Schock so tief gesessen sein, daß man um 280 die Stadtmauern stärker befestigte und mit rechteckigen Ecktürmen versah. Und weil man sich aus Angst vor weiteren Überfällen wenig Zeit ließ, nahm man als naheliegendes Baumaterial die vielen Grabdenkmäler entlang der Straßen her, ebenso auch Teile von Kultbauten in der Stadt. Das Grabdenkmal des Weinhändlers wurde bis an die Stadtmauer herantransportiert – aber ob nun beim Hochziehen alle Stricke gerissen sind, oder was sonst passiert sein mag: Jedenfalls fiel das schwere Ding in den Wehrgraben – und dort überdauerte es unter Schlamm und Schutt unversehrt auch das Hochmittelalter, das sonst kaum Hemmungen hatte, antike Ruinen als Steinbrüche für seine eigenen Bauten auszuschlachten. Zutage kam der Grabstein erst wieder, als Stadtarchäologe Bakker bei einem Neubau auf 70 Metern Länge Reste der römischen Stadtmauer samt Graben freischaufeln ließ. Ein anderer Fund vom Jahr 1993: Bei der Ausschachtung für einen Bau am Gänsbühl entdeckte man einen 1,7 Tonnen schweren Altarstein aus der Zeit des Kaisers Severus Alexander (222-235 n.Chr.), auf dem im Jahr 260 noch ein zweiter Text nachträglich eingemeißelt wurde: Der Bericht über eine Schlacht, von der bislang noch niemand was wußte: Die Römer besiegten damals am Lech den germanischen Stamm der Juthungen und befreiten Tausende von verschleppten Italikern aus deren Gefangenschaft. Und nicht nur das: Die Inschrift

gibt auch ganz neue Aufschlüsse über Bürgerkriegswirren in Rätien unter Kaiser Gallienus und dem in
Köln ausgerufenen Gegenkaiser Postumus. Ein weite-
rer Überraschungsfund aus dem Jahr 1992: Backenzahn
und Fußknochen eines Dromedars oder Trampeltiers,
die beweisen: In der antiken Augusta gab es (ebenso wie
übrigens in Epfach) Kamele. Stadtarchäologe Bakker
tippt auf eine hier stationierte Kamelreitertruppe, lateinisch dromedarii genannt. Es könnte sich aber auch
um Lastkamele gehandelt haben, mit denen im dritten
und vierten Jahrhundert Tongeschirre aus Keramikfa-
briken in Tunesien sowie Textilien und Gewürze aus
dem Orient hertransportiert wurden. Was jedoch bereits eindeutig erwiesen ist: Besagtes Fund-Kamel
wurde mit einem Beil geschlachtet – wahrscheinlich hat
man es also auch aufgegessen.

Einen weit sensationelleren Fund machte Dr. Bakker mit seinem Team erst im Sommer 1993: Er glaubt,
bei Grabungen auf einem Baugelände mit hoher Wahrscheinlichkeit den Palast des Provinzstatthalters aufgedeckt zu haben. Die Chance, hier noch weiter forschen
und die Grundmauern konservieren zu können, war
zunächst sehr gering. Das kirchliche Ulrichswerk will
hier nämlich Wohnungen mit Tiefgaragen bauen, was
sich nun schon drei Jahre verzögert hat. Die „Augsburger Allgemeine" stellte in einem Kommentar die
Frage, ob Tiefgaragen vielleicht doch nicht die Lösung
für das Problem „Auto in der Stadt" seien, denn: „Man
kann die Blechkarossen nicht unterirdisch aufräumen,
ohne dafür einen Preis zu bezahlen. In diesem Fall besteht er darin, daß die Spuren der Geschichte wegpla-
niert werden. Ob sich das eine alte Stadt wie Augsburg
leisten kann?" Kurz darauf bekam der Augsburger Bi-

schof auch einen Brief von den Pedites singulares, also der Leibstandarte des Statthalters. Natürlich kam das Protestschreiben nicht aus dem Jenseits, sondern von einem Verein, der sich diesen Namen zugelegt hat. Und die forderten den Bischof auf, die Ausgrabung zu erhalten, denn: „Dem Auto wird schon so viel geopfert, opfern wir ihm nicht auch noch unsere Identität." Inzwischen hat die Kirche doch weiteren Aufschub gewährt und die Entscheidung von neuen Gutachten des Landesamtes für Denkmalpflege abhängig gemacht. Es besteht also – zum Zeitpunkt, da dieses Buch in Druck geht – doch noch Hoffnung. Zumal die Stadt, wie gesagt, ohnehin nicht viel an antiker Bausubstanz zu bieten hat. In den letzten Jahren ist es der Stadtarchäologie zwar gelungen, nahe der Hl.-Geist-Kirche nicht nur ein Stück der antiken Stadtbefestigung, sondern auch das westliche Doppeltor zu orten – aber das reicht noch längst nicht, um die gesamten Dimensionen der Römerstadt und ihre Lage festzumachen. Immerhin gibt's Vermutungen, wo das Forum gewesen sein könnte, nämlich dort, wo jetzt der Dom steht. Vor dem Dom hat man schon vor einigen Jahrzehnten die Fundamente einer frühchristlichen Taufkirche freigelegt – und daneben wurde in den fünfziger Jahren die „Römermauer" gebaut: Eine Ziegelwand, an und vor der eine ganze Reihe römischer Relikte aufgestellt und eingemörtelt wurde. Ein kleines Freilichtmuseum also – über das man freilich mittlerweile nicht mehr sehr glücklich ist. Viele dieser Objekte sind nämlich nicht nur durch Luftverschmutzung und sauren Regen stark gefährdet, sondern auch durch Urin und gelegentlichen Vandalismus nächtlicher Passanten. Kurzum: Man möchte am liebsten nicht nur nach und nach, sondern sofort alle

Objekte dort nur noch als Abgüsse postieren (wenn halt genug Geld dafür da wäre), die Originale aber konservieren und ins Museum schaffen. Dieses Römische Museum ist eine schöne Besonderheit, denn es handelt sich um die säkularisierte und erst in diesem Jahrhundert wieder restaurierte Kirche des einstigen Dominikanerklosters. Die zweischiffige Halle mit einem Kapellenkranz drumherum stammt aus der Renaissance-Zeit und erhielt später im Inneren einen Barockdekor. Ein Faltprospekt hat den Titel „Eine Stunde im Römischen Museum" – aber um alle zum Teil wunderschönen, auf jeden Fall aber höchst interessanten Exponate zu schauen (statt nur zu sichten) und um sämtliche gebotenen Informationen aufzunehmen: Die doppelte Zeit sollte man sich dafür mindestens nehmen. Das Museum in der Dominikanergasse 15 (nahe Moritzplatz und Ulrichsmünster) hat täglich außer Mo. geöffnet, und zwar zwischen 1. Mai und 30. September 10.00-17.00, von Oktober mit April nur bis 16.00 Uhr.

Noch ein Relikt aus Römerzeiten hat Augsburg zu bieten, das allerdings nicht im Museum zu besuchen ist, sondern in jenem Münster am Ende der Maximilianstraße, das zwei Heiligen geweiht ist: Dem hl. Ulrich, jenem Bischof, der die Stadt anno 900 gegen den Ansturm der Ungarn hielt. Und die hl. Afra, von den Einheimischen liebevoll oft nur „'s Offerle" genannt. Afra war eine römische Dienstmagd, die im Jahr 304 n. Chr. bei der letzten diokletianischen Christenverfolgung auf einer Insel im Lech ihres Glaubens wegen als Märtyrerin starb. Bestattet wurde sie mit ziemlicher Wahrscheinlichkeit auf einem Gräberfeld unter dem jetzigen Münster, das noch immer nicht vollends erforscht ist. Das Grab der hl. Afra konnte jedenfalls bislang noch nicht gefunden werden, doch schon 565 n. Chr. berichtet der Chronist Venantius Fortunatus von einer kultischen Verehrung der Märtyrerin. Die Reliquien Afras und auch die des Bischofs Ulrich werden in der nach den beiden benannten Kirche seit dem Mittelalter verehrt. Das Münster und seine Krypta, nur wenige Schritte vom Römermuseum entfernt, wäre auf jeden Fall auch einen kurzen Besuch wert – selbst wenn man die Offerle-Geschichte nicht für bare Münze nähme.

Fundplätze an Limes, Donau und im Hinterland Längst bekannt – doch kaum zu sehen

So viel heute auch von den Römern in Bayern schon zutage liegt – es gibt noch weit mehr: Kaum ein Jahr, wo aus der Luft oder bei Bauarbeiten nicht neue Funde entdeckt werden. Daneben gibt es aber andere Punkte, die längst bekannt und oft sogar bestens erforscht sind, wo es aber – mindestens bis jetzt und noch auf absehbare Zeit – für den nur interessierten und nicht archäologisch vorbelasteten Besucher kaum was zu sehen gibt. So zum Beispiel am Limes-Kastell Ruffenhofen im Wörnitztal bei Wassertrüdingen: Nach Ausgrabungen von 1892 und Luftaufnahmen von heute eine quadratische Anlage von ca. 195 Metern Seitenlänge mit vier Toren, Mauern, Gräben und Türmen. Und das war's dann auch schon – es gibt bis jetzt nur vage Vermutungen, welche Einheit hier wann stationiert gewesen sein könnte. Ein kleines Stückchen weiter liegt das Kastell Dambach im Boden, von dem auch nicht viel mehr zu sagen ist. Und ähnliches gilt für das östlich davon gelegene kleine Holzkastell Unterschwaningen. Etwas besser Bescheid weiß man über das Kastell Gnotzheim bei Gunzenhausen. Von dem kennt man sogar den schönen römischen Namen: Mediana. Außerdem ist bekannt, daß hier zuerst die V. Bracaraugustaner-Kohorte stationiert war, später die III. Thraker-Kohorte, deren Mannen allesamt das römische Bürgerrecht hatten. Festgestellt ist auch die Größe von 153 x 143 Metern und einige Gebäude – aber für den Besucher ist all das eher enttäuschend. Was er wirklich gut sehen kann, sind drei Steintafeln mit Inschriften aus dem Kastell – die hat man irgendwann im Kirchenbau von Gnotzheim vermauert. Und schließlich gab's auch noch ein kleines Numeruskastell Gunzenhausen, aber so stark überbaut, daß man bislang nur ganz wenig nachgraben konnte. Klar ist nur: Wo heute die Kirche steht, da waren mal die principia, also das Stabsgebäude. Im Gehölz hinter dem Diakonissen-Mutterhaus sieht man noch ein paar spärliche Überreste der Limesmauer und den Grundriß eines Wachtturms. Und einen Steinwurf weiter steht ein Bismarckturm, der 1901 – wie eine Inschrift verkündet – „aus den hier ausgegrabenen Steinblöcken einer alamannischen Ringmauer und aus Steinen der Römermauer" gebaut wurde. Im 20. Jahrhundert, wohlgemerkt – wieso regen wir uns eigentlich über die archäologische Unsensibilität des Mittelalters auf?

Ähnliche Fälle wie am Limes im schwäbischen Bereich gibt es auch entlang der Donau, so z.B. das Kastell Kösching (Germanicum) bei Ingolstadt. Auch hier läßt sich der Umriß nur am Verlauf etlicher Straßen des Orts nachvollziehen, und auch in Kösching steht die Kirche auf den Fundamenten der principia. Von einer 1906 ausgegrabenen Inschriftentafel aus Marmor mit der Jahreszahl 80 n. Chr. weiß man, daß Germanicum das älteste Kastell nördlich der Donau war, zuerst belegt mit einer Reitereinheit, der Ala I Augusta Thracum. Nach der kam die I Flavia Gemelliana. Ein bißchen was wurde auch vom und im vicus aufgespürt – darunter ein ganz stattlicher Münzfund. Nicht überbaut, aber dennoch kaum aufgedeckt ist das Kastell Pförring (Celeusum) bei Neustadt/Donau. Bei genauem Zusehen kann allerdings auch der Laie die Umrisse dieses 200 x 195 Meter großen Lagers im Gelände ausmachen. Man fand hier ebenfalls eine Datums-Inschrift für den Umbau von Holz auf Stein im Jahr 141 n. Chr., und die nennt auch die Truppe: Die Ala I Singularium pia fidelis civium Romanorum, also eine Reitertruppe, die aus römischen Bürgern bestand. Und was den vicus betrifft: Der ist hier nur in etwa durch Luftbilder bekannt. Ein Sonderfall in dieser Reihe ist schließlich das Kastell Künzing bei Vilshofen in Niederbayern (an der B 8 von Straubing nach Passau). Nicht, daß man dort sehr viel mehr zu sehen bekäme – und dennoch ist dieser Truppenstandort der mit am besten erforschte im Bereich des rätischen Limes. Das begann schon mit ersten Versuchen 1766 – aber erst 1874 gelang es dem Ortsgeistlichen Schmid, durch Beobachtung des unterschiedlichen Getreidewuchses die Lage und den Umfang des Kastells zu bestimmen. Und dort, wo heute Künzings Schulkinder unterrichtet werden, fand er auch erste Reste der Kastellmauer. Übrigens: Der Ortsname Künzing kommt von den Römern, auch wenn er noch so

bairisch klingen mag: Stationiert war hier nämlich die
Kohorte V der Bracaraugustaner, also einer Truppe aus
Bracara Augusta in Spanien, die in Rätien an verschiedenen Stellen genannt wird. Die Fünfte – das heißt in
Latein Quinta – und so hieß der abgekürzte Name des
Lagers denn auch: Castra quintana (= Kaserne der Fünften). Daraus wurde im Mittelalter Quincina bzw. Quin-
zing – und heute eben Künzing. Daß man über dieses
castrum so gut Bescheid weiß, hängt mit einer groß angelegten Grabungskampagne des Bayerischen Landesamtes für Denkmalspflege (ab 1958) zusammen. Quintana wurde um 90 n. Chr. unter dem Kaiser Domitian
als Holzkastell erbaut, dürfte damals aber noch nicht
so geheißen haben, denn zuerst war dort keine Fünfte
stationiert, sondern eine Dritte: Die berittene Kohorte
III von Thrakern mit römischem Bürgerrecht. Die
mußten unter Kaiser Hadrian 132 n. Chr. nach Palä-
stina abmarschieren, um gegen die aufständischen Ju-
den zu kämpfen. Mit dem Einzug der „Fünften" wurde
dann wohl auch die Befestigung des Lagers von Holz
auf Stein umgerüstet. Das konnte freilich nicht verhindern, daß bei einem frühen Einfall der Alamannen
schon gute hundert Jahre später alles niedergebrannt
wurde. In unserem Jahrhundert hat man dann hier
zweierlei gefunden: Erstens in einer Kloakengrube das
Indiz dafür, daß mal eine Epidemie unter den Besatzern
geherrscht haben dürfte, und zwar waren die Römer
hier durch Darmwürmer verseucht, so was ähnliches
wie Trichinen. Interessanter jedoch die zweite Entdeckung: Der bislang größte Sammelfund eiserner Waffen und Geräte und dazu Teile einer bronzenen Parade-
Rüstung. Allein die Waffen – darunter viele Dolche, alle
von gleicher Machart – und die eisernen Pioniergeräte

wogen 82 Kilo. Man nimmt an, daß Alamannen dieses wertvolle Metall vergraben haben, um es auf dem Rückweg mitzunehmen – aber dazu kam's dann nicht. Dieser Künzinger Fund ist in der Prähistorischen Staatssammlung in München untergebracht – aber das gefällt manchen rührigen Künzingern gar nicht. Die sind seit einigen Jahren emsig am Pläneschmieden, um auch hier ein Museum wie in Passau-Boiotro einzurichten. Und im Gegensatz zu dort – so betonen die lokalen Promoter – könne man hier jede Menge Vitrinen und Räume ganz allein mit dem bestücken, was nicht irgendwo im weiten Umkreis, sondern just „vor Ort" aus dem Boden kam. Nun ja – vielleicht klappt's tatsächlich mal...

Epfach und Kellmünz
Flucht-Festungen an Lech
und Iller

An den beiden Flüssen, die in Schwaben bzw. an dessen Grenze zu Oberbayern nordwärts zur Donau fließen, an Iller und Lech also, gab es einst zwei Siedlungen, die beide in spätrömischer Zeit stark befestigt wurden. Der Unterschied: Die eine stammte bereits aus der Frühzeit der römischen Besatzung. Die andere wurde erst gegründet, als man den Limes bereits wieder aufgeben mußte. Und der eine wie der andere Platz ist seitdem permanent bewohnt geblieben. Epfach (Abodiacum) nahe Landsberg wurde von den Römern bereits um das Jahr 10 n. Chr. auf dem Lorenzberg in einer Lechschleife gegründet: Genau dort, wo die später Via Claudia genannte Route von Italien nach Augusta Vindelicum (Augsburg) sich mit einer Straße von Cambodunum (Kempten) nach Juvavum (Salzburg) kreuzte – noch dazu am Übergang der Salzburger Straße über den Lech. Einen Numerus, also nur 80 Mann hielt man damals für völlig ausreichend, um diesen Verkehrsknotenpunkt zu sichern – schon 40 Jahre nach seiner Gründung konnte der Standort sogar überhaupt wieder aufgelöst werden, weil man die Truppen aus der ohnehin völlig friedlichen Provinz an die damalige Donaugrenze vorverlegte. Aber auch ohne die Militärstation auf dem Lorenzberg blieb am Lech eine Zivilsiedlung bestehen – just dort, wo heute die Epfacher wohnen. Durch seine verkehrsgünstige Lage entwickelte sich dieses municipium zu einer recht wohlhabenden Gemeinde. Allein schon die Grabsteine, die man hier fand (heute z.T. in Augsburgs Museum) lassen darauf schließen, denn arme Leute hätten sich soviel Aufwand nicht leisten können. Abodiacum lieferte dem Imperium wahrscheinlich sogar einen sehr hohen Würdenträger: Es wird vermutet, daß ein gewisser Claudius Paternus Clementianus (65-130 n. Chr.) aus dem jetzt Epfach genannten Ort stammte – und der brachte es nach einer höchst erfolgreichen Laufbahn beim Militär und in der Zivilverwaltung zuletzt zum Rang eines Statthalters in der Nachbarprovinz Noricum. Die Blütezeit von Abodiacum dauerte knappe zwei Jahrhunderte. Im Jahr 233 n. Chr. wurde der Ort bei einem Alamanneneinfall zum erstenmal zerstört, dann zwar einigermaßen wiederaufgebaut, aber nachdem der Limes nicht mehr zu halten war, ging er 259/60 endgültig kaputt. Was von der Bevölkerung noch übrig war, flüchtete sich auf den Lorenzberg in das längst aufgegebene Militärlager, das man eilends zu einer kleinen Festung ausbaute. Damit es möglichst schnell ging, verwendete man für den Bau einer Schutzmauer von 300 Metern Umfang und bis zu drei Metern Dicke viel Abbruchmaterial aus dem aufgegebenen municipium, nicht zuletzt auch Grabsteine und Weihesteine. Hundert Jahre danach wurde die neue Zuflucht dennoch in Schutt und Asche gelegt, abermals wiederaufgebaut und erst zu Anfang des fünften Jahrhunderts endgültig aufgegeben – wie damals eben fast alles Römische in Rätien. Die alamannischen Endsieger legten zwischen den Ruinen auf dem Lorenzberg nur einen Friedhof an – ihr Dorf Epfach aber bauten sie dorthin, wo lange zuvor das municipium Abodiacum gewesen war.

1830 wurden – für uns Heutige schier unbegreiflich – die Ruinen der Festung auf dem Lorenzberg an einen Privatmann auf Abbruch verkauft. Bevor alles verschwand, konnte der Landrichter Boxler noch eine genaue Zeichnung von der Umfassungsmauer machen; die zeigt jetzt im Augsburger Museum, wieviel damals noch vorhanden war, außerdem sind dort einige Grabdenkmäler und Figuren, die beim Abbruch der Mauer doch noch gerettet wurden. Und vor Ort? Da sieht man heute kaum noch was: Die wenigen Reste des alten Abodiacum sind mit dem neuen Epfach längst total überbaut, und auf dem Lorenzberg findet man nur noch vage Grabungsspuren, einen winzigen Rest der Mauer und zwei Meilensteine – die waren wohl auch da mit eingebaut gewesen. Im Ort Epfach gibt es ein kleines überdachtes Badebecken und einen Meilenstein, außerdem ein von den dortigen Vereinen geschaffenes „Museum Abodiacum", u. a. mit einem Großmodell des Lorenzbergs und einem Zinnfiguren-Diorama. Das Haus ist täglich geöffnet – falls mal nicht, kann man sich nebenan den Schlüssel holen.

Kellmünz an der Iller erinnert in seinem deutschen Namen noch stark an den lateinischen: Caelius mons. Bis zum Rückzug vom Limes war hier nur eine unbefestigte Zivilsiedlung, und zwar an der Kreuzung der Straße von Argentorate (Straßburg) nach Augusta Vindelicum (Augsburg) mit einer anderen, die an der Iller entlanglief. Mit dem Rückzug vom Limes im Jahr 259/60 n. Chr. wurde der Etappenort Caelius mons plötzlich zur Grenzfestung, denn nun endete die Provinz Rätien im Westen bereits an der Iller und im Norden – wie schon zu Beginn – wieder an der Donau. Und weil man jetzt nicht mehr so sicher im Flußtal unten lebte, siedelte auch die Bevölkerung um in die neue Festung auf dem Caelius-Hügel, gut 30 Meter über der Iller. Auf drei Seiten dieses Bergsporns mußte man nur wenig bauen, da waren schützende Steilabhänge. Die Landseite aber sicherte man durch eine Mauer, die über dreieinhalb Meter dick und mehr als 10 Meter hoch war. Und auch hier bediente man sich teils aus Bequemlichkeit, teils wegen der gebotenen Eile der bereits behauenen Bau-, Grab- und Weihesteine aus der aufgegebenen Siedlung. Ausnahmsweise waren es hier mal nicht die Alamannen, die Caelius mons demolierten, sondern die eigenen Leute in einem Bürgerkrieglein, als wieder mal gleich mehrere Kaiser sich die Macht streitig machten. Nach der Brandkatastrophe wurde der Standort der III. Herculischen Kohorte von Pannoniern zwar nochmal aufgebaut, aber Anfang des fünften Jahrhunderts gaben die Römer auch hier durch den Abzug ihrer Truppen das Gebiet preis. Doch in Kellmünz scheint danach die Zivilbevölkerung dageblieben zu sein und sich ohne das, was man neuerdings „ethnische Säuberung" nennt, mit den eindringenden Alamannen vermischt zu haben. Zu finden ist hier auch nicht mehr viel. Man deckte zwar Anfang dieses Jahrhunderts Teile des Mauerfundaments auf, desgleichen drei halbkreisförmige Turmfundamente und die Grundmauern eines rechteckigen Turms. Die kamen dem Besitzer des Geländes gerade recht, um sein Sommerhäuschen da draufzustellen. Außerdem steht jetzt da, wo einst römische Festung war, auch ein friedlicher Kirchturm. Es wurden allerhand interessante und wertvolle Gegenstände aus dem Kellmünzer Boden geborgen – sie sind bis nach München und sogar Köln auf Museen verteilt worden. Einiges, vor allem ein Teil des Münzfundes von 1153 Geldstücken, ist jetzt im Römischen Museum Augsburg aufbewahrt.

Da und dort
Es kommt noch mehr

Mittlerweile wissen wir über die alten Römer eh schon genauer Bescheid als über die alten Bajuvaren. Und dennoch: Es vergeht kaum ein Vierteljahr, in dem nicht irgendwo wieder was entdeckt wird, wovon man bislang keine Ahnung hatte. Hier einige der jüngsten Funde:

I n g o l s t a d t:
Bei Bauarbeiten auf einem Industriegelände kamen die Reste eines Kastells in Holzbauweise zutage, das aus

der Zeit des Kaisers Titus stammt. An der gleichen Stelle war übrigens bereits das bisher älteste Metallmesser in Mitteleuropa aus der noch weit früheren Zeit der Schnurkeramiker ausgegraben worden.

P e i t i n g :
Nahe der künftigen Umgehungsstraße Schongau-Peiting wurde eine villa rustica entdeckt. Rund um diesen mehrere Hektar großen Gutshof aus dem zweiten Jahrhundert n. Chr. soll ein Archäologischer Park entstehen.

D a s i n g b e i A u g s b u r g :
Hier kamen aus dem Sandbett eines ehemaligen Flußlaufs der Paar (sie fließt heute 200 Meter weiter östlich) bei Bauarbeiten die Reste einer 30 Meter langen Brücke zum Vorschein: Bisher 25 Holzpfeiler, dazu Fahrbahnbalken, Spaltbohlen und Ufer-Verbauteile. Es handelte sich um den Fluß-Übergang an einem Seitenast der Straße von Augusta Vindelicum (Augsburg) nach Castra Regina (Regensburg). Gefunden wurden die Reste der Brücke (bisher die einzige entdeckte aus der Römerzeit in Schwaben) von einem Geologiestudenten, der auf der Baustelle eigentlich nach Mammutzähnen gesucht hatte. Dr. Wolfgang Csysz von der Augsburger Außenstelle des Landesamtes für Denkmalspflege könnte sich vorstellen, einen Teil dieser Brücke zu konservieren und entweder an Ort und Stelle oder auch im Augsburger Museum auszustellen.

B e i G ü n z b u r g :
Leonhard Keller, Präsident des Bauernverbands in Schwaben, fand auf einem seiner Äcker bei Opferstet-

ten das Gemäuer eines fast 2000 Jahre alten Friedhofs, das inzwischen von Archäologen freigelegt wurde. Man vermutet, daß dieses kleine Gräberfeld zu einer bisher nicht aufgefundenen villa rustica gehört haben könnte. Der Umriß dieses Totenackers wurde nun mit kleinen Bäumchen markiert, die Mitte durch einen größeren Baum. An dieser Stelle fand man das Fundament eines Obelisken, der zwischen zehn und zwölf Metern hoch gewesen sein dürfte. Im übrigen kann es leicht sein, daß auf diesem „Totenfeld" noch mehr Gebeine aus späterer Zeit zutage kommen, denn just hier wurde beim Bauernaufstand von 1525 ein wahrscheinlich nur mit Sensen und Dreschflegeln bewaffneter Haufe der Rebellen von Reitern des Städtebundes niedergemetzelt.

K r a i b u r g :
Zwei römische Gutshöfe, vor einigen Jahren in der Nähe von Kraiburg durch Luftbild-Archäologen entdeckt, können nicht mehr ausgegraben werden: Trotz Auflagen des Landesamtes für Denkmalschutz hatte die Stadt Kraiburg die Wiese als Baugebiet für eine Wohnsiedlung freigegeben. Ohne die Ausgräber rechtzeitig zu verständigen, ließ man Planierraupen anrücken, die in einer Blitzaktion mögliche Funde, vielleicht sogar Mosaikfußböden vernichtet haben.

T i t t m o n i n g :
Im Dorf Kay, Ortsteil der Stadt Tittmoning, wurde im Herbst 1993 ein stattlicher dreiteiliger Gutshof ausgebaggert, der im Bereich der einstigen Römersiedlung in Tittmoning lag. Luftbildaufnahmen zeigen, daß in der näheren Umgebung noch drei weitere herrschaftliche Villen zu erforschen sind. Bis jetzt hat man ein 250 qm

großes Gebäude aufgedeckt, von dem zum Teil noch meterhohe Mauern stehen. Die Größe wie die Ausstattung mit bemaltem Wandputz und sonstigem gehobenem Wohnkomfort läßt die Archäologen vermuten, es könne sich um den Sommersitz eines in Iuvavum (Salzburg) ansässigen reichen Römers gehandelt haben. Jetzt liegt dieses Haus, das offenbar nie zerstört, sondern nur verlassen wurde, in einem neuen Gewerbegebiet.

Freising, Holledau und anderswo
Die bayrischen „Römer"
von heute

„Tirilamus, pipiamus, portum aeris ploramus" – so sangen protestierend Valahfridus und seine „Lateiner gegen Flughafen", als im Mai 1992 der neue Münchner Airport eingeweiht wurde. Zu Deutsch: „Wir singen, wir pfeifen und wir weinen über den Flughafen." Aha – und warum ausgerechnet in Latein? Warum nicht?, kontert solche Einwände Valahfridus (alias der Münchner Professor Wilfried Stroh), der mit seinen Gesinnungsgenossen in klassischem Latein und – wie er meint – mit Erfolg auch schon gegen die atomare Wiederaufbereitungsanlage in Wackersdorf demonstriert hatte. Protestrefrain damals: „Fornaculam plutonicam Pluto ipse devorato!" – „Die Plutoniumfabrik möge Pluto (= der Höllengott) selbst verschlingen." Aber solche Demos betreibt der Deutsch-Lateiner Wilfried Stroh nur gelegentlich. Wichtiger sind ihm die nun schon dreimal abgehaltenen Scholae Frisingenses, also die Freisinger Schulungstage, wo er mit Besuchern aus aller Welt praktisch vorführt, daß Latein auch heute noch als eine sehr lebendige Sprache der internationalen Verständigung dienen kann – man muß sich nur mal trauen, so zu reden wie einst die Römer. Selbst Besucher, die nie ein Gymnasium von innen gesehen hatten, konnten da nach drei Tagen schon ganz gut mittun. Daß es dabei auch derb zugehen darf, zeigte ein Kurs mit dem Titel „Iohannes calceos meos comminxit" („Hans hat in meine Stiefel gebieselt"). Ganz sicher ist freilich nicht, ob die antiken Lateiner für Begriffe wie Gorbatschows

In dieser Marschausrüstung römischer Alen-Kavalleristen absolvierten Centurio Marcus und seine Junkel-Mannen ihre Ritte entlang dem Limes und bis hinauf zum Hadrianswall in Schottland.

Perestroika auch schon dieselbe Vokabel gefunden hätten wie Valahfridus (alias Wilfried) Stroh aus Monachium. Aber der und seine Scholaren schaffen es ja auch, die Reportage über ein Fußballspiel in der Sprache Caesars und Ciceros zu bringen. Und die Ballnacht, die mit zum Programm gehört, heißt hier stilgerecht „Saltatio publica". Bei den Scholae Frisingenses (leider können sie nicht regelmäßig jedes Jahr stattfinden) trat auch schon mal Centurio Marcus Junkelmann mit seinen Mannen in Aktion. Dieser aus München stammende Militärhistoriker, der jetzt auf Schloß Ratzenhofen in der Hallertau lebt (nicht weit von den Limeskastellen Eining und Pföring), machte 1985 bei der 2000-Jahr-Feier der Stadt Augsburg erstmals sehr von sich reden: Da marschierte er mit einer Gruppe „römischer" Legionäre in historischer Montur von Verona nach der 15 v. Chr. gegründeten rätischen Provinzhauptstadt „Augusta Vindelicum". Die Grenzpolizisten sollen ziemlich dumm geschaut haben, als da plötzlich etliche Mannen in römischer Kriegsmontur mit Schwert, Helm, Schild und Brustpanzer und samt sonstiger Ausrüstung auf den Schlagbaum zukamen. Und als der Anführer mit erhobenem Arm den huldvollen Gruß „Salve!" entbot, soll der Diensthabende vor lauter Verblüffung glatt vergessen haben, nach den Pässen oder Personalausweisen zu fragen – kurzum: Marcus Junkelmann und seine Mannen marschierten unkontrolliert in rätisches Gebiet ein – genau wie einst die römischen Truppen unter Drusus und Tiberius, die ja auch keine Legitimation vorzeigten. Inzwischen hat der Centurio Junkelmamn Pferde aus der Camargue besorgt, die in der Statur den Tieren der altrömischen Kavallerie ähnlich sind. Außerdem ließ er sich's eine

Menge Arbeit und Geld kosten, die Ausrüstung der antiken Reiter exakt nachzuschaffen – vor allem den Sattel ohne Steigbügel, aber mit vier Hörnchen als Halt. Das Aufsteigen – mit Anlauf und im Sprung – mußte erst lange geübt werden, genau wie damals von den Reitern in der römischen Antike, die dazu erst ein gepolstertes Holzgestell hernahmen. Die kleine Kavallerietruppe des Centurio Marcus besteht aus lauter Freiwilligen, die für dieses Hobby ihre Urlaube opfern; sie absolvierte bereits einen ausgedehnten Ritt entlang dem Limes und sogar bis Schottland, um im praktischen Versuch nachzuvollziehen, wie die Besatzer Germaniens einst ihr Reich erobern und unter Kontrolle halten konnten. Dabei zeigte sich, daß die Reiter nicht unbedingt die schnellste Truppe Roms waren: Centurio Junkelmann und seine Gefährten schafften in vier Wochen zu Pferde mit vielen Biwaks gemütlich etwa 400 Kilometer – man weiß aber, daß Soldaten der Fußtruppen einst 540 Kilometer in 24 Tagen ablatschten. Auch per pedes hat Bayerns Versuchs-Römer da seine Erfahrungen gesammelt, und zwar mit den caligae, den genagelten Militärsandalen. So ein Soldatenschuh wog ungefähr 1,3 Kilo, bedingt durch die bis zu 90 Eisennägel in der Sohle aus dreifachem Rindsleder. Aber dafür hielt diese Fußbekleidung auch allerhand aus, wie Praxis-Tests ergaben: Je nach Gelände und nach der Qualität der Eisennägel zwischen 500 und 1000 km bis zur neuen Besohlung. Über seine Märsche und Langstreckenritte hat Marcus Junkelmann diverse Bücher verfaßt, vor allem das Standardwerk „Die Legionen des Augustus / Der römische Soldat im archäologischen Experiment". Über seinen Ritt nach Rom berichtete das ZDF in einem Fernseh-Zweiteiler. Bei den letzten Scholae Frisingenses von Valahfridus Stroh war die photogene Junkelmann-Truppe nicht nur mit Reiterspielen dabei, sondern sie kochte dort nach dem Rezeptbuch des Apicius für die Besucher zum Probieren ein paar altrömische Schmankerl. Wer was über künftige Auftritte der Junkelmann-Truppe erfahren möchte: Der Centurio Marcus hat die Tel.-Nr. (0 87 53) 16 78. Informationen über die nächsten Scholae in Freising bei der Sodalitas Ludis Latinis faciundis e.V. (Institut für Klassische Philologie der Uni München, Tel. (0 89) 21 80-34 21. (Man spricht dort auch Deutsch!).

Um die Wiederbelebung des als tot verrufenen Lateins hat sich auch ein anderer Bayer verdient gemacht: Der Nürnberger Gymnasiallehrer Gerhard Fink. Der bringt seinen Schülern – zu deren großem gaudium – sogar das lateinische Fluchen, Verwünschen und Beschimpfen bei. Und weil das allen gar so viel Spaß macht, sind seine Lektionen unter dem Titel „Schimpf und Schande" auch als Buch erschienen. Aus Reden Ciceros, Epigrammen von Martial und Komödien von Plautus und Terentius hat der Autor saftige Schimpfwörter ausgesucht und auch einige „moderne" selber erfunden wie zum Beispiel „erraticus" (= Penner, Stadtstreicher), „crudelissimus" (= Brutalo), aber auch Tiernamen, mit denen man sich schon in der Antike wie heute beschimpfte, beispielsweise „simia" (= Affe) oder „purgamentum" (= Drecksau). Auch für den Volldeppen gibt's eine passende lateinisches Anrede: „stultissime!". Und wer jemand als Schandkerl beschimpfen will: „flagitium hominis" klingt allemal eleganter.

Noch was Interessantes: Ein Augsburger Ehepaar, Ulrich und Gudrun Harsch (er Professor für Grafik-Design, sie Sozialwissenschaftlerin), hat alte römische

Brettspiele rekonstruiert und aus verstreuten Quellen die Spielregeln zusammengepuzzelt, die nirgends komplett und exakt schriftlich festgehalten waren. Nun kann man sich also wie einst die römischen Besatzungssoldaten mit dem ludus latrunculorum amüsieren, also mit dem „Spiel der kleinen Legionäre". Es ist verwandt mit Schach, allerdings ziehen die Spielsteine hier nur auf den Linien statt auf den neun mal neun Feldern. Ein zweites Spiel heißt duodecim scripta – zu Deutsch: zwölf Linien bzw. zwölf (geschriebene) Worte – ein bißchen ähnlich dem Trictrac oder Backgammon. Diese Brettspiele sind zu beziehen bei Ulrich Harsch, Lilienthalstr. 5, 86159 Augsburg, Tel. (08 21) 57 55 35.

Und nun noch ganz was anderes: Ein Hersteller von Zinnfiguren bietet neben den üblichen Soldaten aus dem Dreißigjährigen Krieg oder dem Spanischen Erbfolgekrieg auch römische Legionäre aus der Zeit von 250 bis 100 v.Chr. an – und wenn's unbedingt eine Schlacht in der Vitrine werden soll, dann gibt es dazu auch die härtesten Gegner von damals, die Karthager, ebenfalls 30 mm hoch. Die Adresse: Siegbert Wagner, Limmerstraße 65, 30451 Hannover 91, Tel. (05 11) 4 58 14 65.